스마트폰을 들고 사는 너에게

Copyright 2023. by Editions Nathan, SEJER, Paris - France.
Original edition: C'EST (PAS) MOI, C'EST MON TELEPHONE !
© 2024, PAN PUBLISHING

이 책의 한국어판 저작권은 Icarias Agency 를 통해 Editions Nathan 과 독점 계약한 판퍼블리싱에 있습니다.
저작권법에 의하여 한국 내에서 보호를 받는 저작물이므로 무단전재와 복제를 금합니다.

스마트한 사용법부터 미디어 리터러시까지
어린이를 위한 스마트폰 안내서

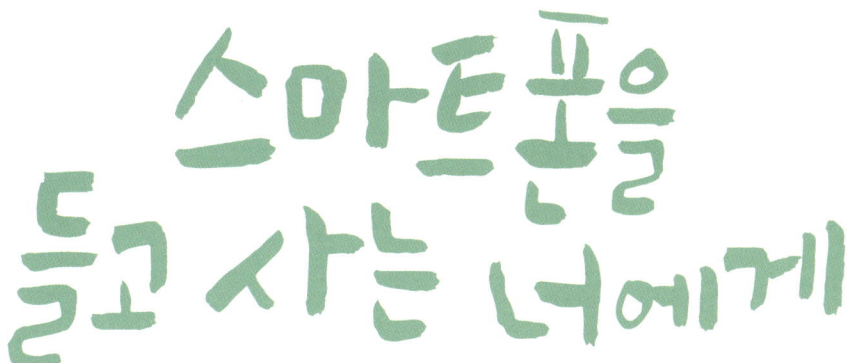

아녜스 바르베르 글
클레망틴 라트롱 그림
김미정 옮김

차례

① 야호, 나도 스마트폰이 생겼다! 6

② 나를 위해 모든 걸 해 주는 스마트폰 16
너는 스마트폰으로 무엇을 하니? 22

③ 애착 인형이 된 스마트폰 24
내가 쓰는 스마트폰이 환경에 좋을까? 32

④ 스마트폰으로 소통하는 사람들 34
나는 스마트폰으로 누구와 어떻게 대화할까? 44

⑤ 스마트폰이 우리를 완전히 지배하고 있다! 46
스마트폰이라는 괴물을 길들이기 위한 아이디어 56

⑥ 나와 어른들, 그리고 스마트폰 58
이게 다 스마트폰 때문이야! 스마트폰으로 인한 부모님과의 전쟁 66

❼ 스마트폰이 나를 힘들게 할 때   68
스마트폰과 함께 사는 너의 삶은 얼마나 안전할까?   84

❽ 스마트폰이 나한테 물건을 판다고?   86
인플루언서에 대해 얼마나 알고 있니?   94

❾ 스마트폰이 주는 진짜 정보와 가짜 정보 그리고 음모론   96
음모론: 누구나 들어 보았을 대표 선수들   110

❿ 스마트폰 덕분에 똑똑하고 창의적이고 흥미로운 사람이 될 수 있어!   112
너는 적극적이고 창의적으로 스마트폰을 사용하는 사람이니?   122

맺음말
스마트폰은 사람들을 가깝게 이어 주는 도구야!   124

참고 문헌   126

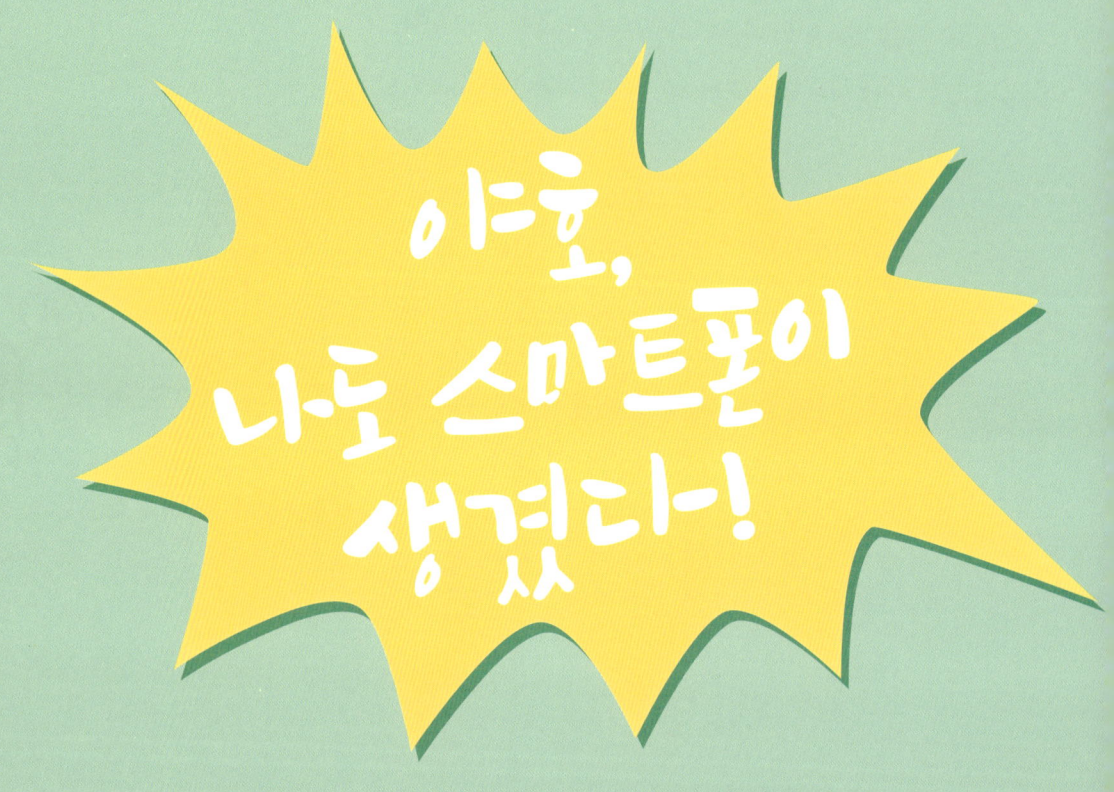

드디어 스마트폰이 생겼구나. 첫 스마트폰이 생겼다는 건
네가 어른의 세계에 들어간다는 의미란다. 이제 너도 큰 흐름에
올라탄 거야. 사실 스마트폰이 없어도 잘 살 수는 있어!
하지만 우리 삶에서 스마트폰이 차지하는 부분이 점점 커지고 있지.
스마트폰 사용자의 나이도 점점 어려지고 있고.
그러니까 선과 악을 모두 가진 이 요물이 '선한 능력'을
발휘하도록 살살 길들여야 해. 지금부터 그 방법을 알려 줄게.

스마트폰을 손에 넣기 위한 도전

축하해! 드디어 스마트폰을 손에 넣는 데 성공했어!
성공하기까지 진짜 고생이 많았을 거야. 꽤 힘들었지?
사방에 넘기 힘든 장애물이 놓여 있던 **빨간색 단계**에서 출발해,
부모님과 끈질기게 협상했던 **오렌지색 단계**를 거쳐,
사 달라고 당당하게 요구할 수 있었던 **초록색 단계**에 이르렀겠지.
스마트폰이라는 위대한 목표를 달성하기 위해 겪었던 과정을
되짚어 볼까?

아직 스마트폰이 없는 상태.
스마트폰을 사 주면 이 책을 꼭 읽겠다고
약속하지 않았니?

부모님이 엉뚱한 선물만 주지 않았어?
스마트폰만 쏙 빼고.

널 위해
깜짝 선물을 준비했어!

자, 이렇게 폴더를 열면 버튼이 나와. 전화를 걸려면 이걸 누르면 돼.

부모님이 최신 기술과는 거리가 먼 사람들이라 답답했겠어.

혹시, 너만 빼고 반 친구들 모두 스마트폰을 쓰고 있진 않았어? 기다리느라 정말 힘들었지?

우아! 짝 짝 짝

착한 어린이 메달이야. 네가 우리 반에서 스마트폰이 없는 유일한 학생이라서 주는 거란다.

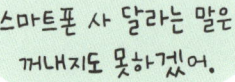

스마트폰을 향한 기나긴 여정

몇 가지는 양보하기도 했을 거야.

스마트폰을 갖기 위해 부모님께 이런저런 약속도 많이 했겠지.

각도기, HB연필, 스마트폰, 컴퍼스⋯.

할머니가 도와주셨는데도 소용이 없었구나.

거짓말을 했다고? 그쯤은 이해해 줄게.

집에서 굴러다니던 스마트폰을 발견했구나.

보세요, 할머니도 스마트폰이 있잖아요!

스마트폰을 주웠어요!

스마트폰을 향한 기나긴 여정

부모님이 이렇게 화끈한 사람이었다면 정말 좋았을 거야. 5학년이 되자마자 묻지도 따지지도 않고 스마트폰을 사 주다니, 이렇게 간단할 수가!

네가 스마트폰을 손에 넣기까지 겪은 과정을 보고, 부모님과 너, 그리고 스마트폰 사이에 펼쳐질 삼각관계가 어떨지 예측해 볼 수 있어.
자, 어떨 거 같아?

맑을까, 흐릴까?

집에 스크린이 하나 더 늘었어

축하해! 드디어 너에게도 스마트폰이 생겼어!
스마트폰 스크린을 터치하기 전에 잠깐 생각해 봐.
스마트폰이 가족에게 어떤 영향을 주고 있니?
텔레비전이나 태블릿 PC 같은 전자 기기가
가족생활에서 얼마나 큰 부분을 차지하고 있어?

친구들의 이야기

바댕, 11세
없어도 괜찮아
10살 때 스마트폰이 생겼어. 집에서 학교를 오고 갈 때만 쓰겠다고 약속했지. 집에 돌아오면 부모님에게 핸드폰을 반납하는데, 혼자서는 자제하기 힘들기 때문이야. 텔레비전이나 아이패드는 내가 차지할 수 없어. 그 대신 게임기는 내가 하겠다고 주장하는 편이야!

팔루, 11세
옛날로 다시 돌아갔어
10살에 스마트폰을 쓰기 시작했는데, 이듬해 가을에 엄마가 스마트폰을 가져가고 옛날에 쓰던 구닥다리 핸드폰을 다시 줬어. 내가 스마트폰에 너무 매달려 있었거든.

멜리나, 13세
스스로 절제하며 쓰는 게 너무 힘들어!
초등학교 5학년 때 집이 이사하면서 학교가 멀어져서 부모님이 스마트폰을 사 주셨어. 하지만 스마트폰을 잘 쓰지는 않아. 통화할 친구가 별로 없어서 그래. 부모님이 스마트폰 사용을 제한하지 않아서 내가 스스로 절제해야 하는데, 정말 쉽지 않아!

이 신기한 물건과 친해지는 첫걸음

별로 어렵지 않을걸! 이미 수없이 부모님 스마트폰을 조작하며 익숙해졌을 테니까. 아빠 스마트폰의 알림 설정을 해제해 준 적 있지? 엄마한테는 이렇게 말한 적이 있을 테고. "비행기 모드로 해 놓았으니 당연히 인터넷 연결이 안 되죠!"
이제 네 스마트폰이 생겼으니, 이 '**반려기계**'를 너한테 맞게 길들여야 해. 스마트폰은 놀랍고 매력적인 기계라 온종일 너의 관심을 홀딱 빼앗을지도 몰라. 스마트폰에 시간을 너무 많이 빼앗기지 않으려면 어떻게 해야 할까? 스마트폰이 너를 절대로 가만 놓아두지 않을 테니 조심해야 해!

놀라운 사실!
우리나라 초등학교 4학년 어린이의 96%가 스마트폰을 써. 이 정도면 안 쓰는 어린이가 거의 없다고 해도 되겠지?

혼자 어떻게 통학하지?

고학년이 되면 혼자서 학교나 학원에 다닐 수 있어. 혼자서 버스를 타면 걱정거리가 많이 생겨.
"버스가 고장 나면 어쩌지? 학교에 늦으면 어떡해? 다른 정류장에 내리면…."
스마트폰이 필요할 수도 있겠네. 실제로 스트레스를 받지 않아도, 일부러 걱정스러운 표정으로 이렇게 말할지도 몰라. "엄마, 스마트폰이 있으면 훨씬 안심될 거예요. 문제가 생기면 엄마한테 전화하면 되니까요."

항상 위치 추적을 해야 할까?

부모님은 자녀가 어디 있는지 늘 알고 싶어 해. 많은 부모님이 스마트폰 **위치 추적** 기능으로 자녀의 위치를 파악하지.
오늘날에는 어린이 혼자서 거리를 다니는 일은 드물어. 학교까지 부모님이 데려다주는 경우가 꽤 많지. 그런데도 부모님은 안심이 되지 않아서 자녀에게 스마트폰을 사 주는 거란다.

일곱 살 어린이에게 가장 소중한 물건은?

일곱 살짜리 어린이도 자기 스마트폰을 쓴다니 진짜 놀라운 일이야! 열 살쯤 되면 반이 넘는 어린이가 스마트폰을 가지고 다녀. 어른들한테는 이미 오래전에 스마트폰이 가장 소중한 보물이 되었지. 지금은 어린이들한테도 **스마트폰이 가장 갖고 싶은 물건이야.** 어린이도 어른처럼 스마트폰을 손에 들고 다니고, 놀이에도 SNS가 큰 영향을 미치고 있어. 어린이들이 학교 운동장에서 틱톡에 올라온 춤을 단체로 추는 모습을 쉽게 볼 수 있을 정도지.

작은 습관이 쌓이고 또 쌓이면

새 학년이 되면 반 친구들과 전화번호를 교환할 거야. 새 스마트폰으로 첫 메시지를 받으면 너무 기뻐서 당장 답장을 보내고 싶을 거고. 스마트폰으로 친구들과 메시지를 주고받다 보면, 어른이 된 것 같은 기분이 들지도 몰라. 또 학교 앱에 들어가서 시간표를 보거나 숙제를 확인하는 일이 잦아질 거야. 그러다 보면 스스로 깨닫지 못한 채 서서히 스마트폰에 의존하는 습관이 생겨. 별일이 없어도 자꾸만 스마트폰을 들여다보게 되지.

나를 위해 모든 걸

기상 알람, 라디오, 달력, 카메라까지⋯. 손에 쏙 들어오는 작은 스마트폰이 생활에 필요한 모든 걸 해결해 줘. 이러니 손에서 놓기가 힘들 수밖에 없지.

7:00 스마트폰이 잠을 깨워.

8:00 오늘 날씨를 알려 줘.

9:00 수업 시간표를 알려 줘.

12:00 친구들과 연결해 줘.

14:00 오후 2시 30분에 치과 예약이 있습니다. 중요한 약속을 잊지 않도록 해 줘.

15:15 쉴 때도 스마트폰이 필요해.

스마트폰과 함께 지내는 하루

해 주는 스마트폰

혹시 오늘 하루를 이렇게 보내지 않았니? 오늘은 스마트폰을 몇 번이나 사용했는지 헤아려 봐.

21:00 스마트폰이 잘 자! 양 코 인사해.

무엇이든 가르쳐 줘. 19:00 잘 휘저어 주세요.

모르는 길을 찾아 줘. 17:30

오늘 50 걸음밖에 안 걸었습니다.

꼼꼼한 코치 역할을 해. 17:15

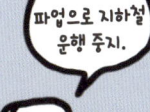

노동자 파업으로 지하철 운행 중지.

중요한 정보를 알려 줘. 16:00

생각해 봐!

스마트폰을 가끔 **비행기 모드**로 바꾸어 놓니? 만일 인터넷을 사용하고 싶다면, 비행기 모드 대신에 **'방해 금지 모드'**로 설정해. 앱에서 보내는 알림을 표시하는 방법도 여러 가지로 바꾸어 봐.

안 쓰는 사람이 없어!

다음에 버스 정류장에 가거든 주위를 관찰해 봐. 스마트폰에 코를 박고 있는 사람들이 얼마나 많니?

우리나라 어른의 97%가 스마트폰을 사용해. 어린이도 마찬가지야. 초등학교 4학년 어린이의 96%가 스마트폰을 갖고 있을 정도지. 청소년들은 하루 평균 5시간 정도 스마트폰을 사용해. 주말에는 시간이 더 늘어나지. 여기에 컴퓨터 사용 시간까지 합치면 스크린을 보면서 지내는 시간은 더 늘어나. 어린이가 스마트폰을 사용하는 건 전 세계에서 벌어지는 일이야. 프랑스에서는 13세 미만 어린이의 SNS 사용이 금지되어 있는데도, 12세 어린이의 90% 이상이 SNS를 사용해 보았고, 대부분 자기 계정이 있대. 대부분은 팔로워가 50명이 안 되고, 이 중에서 반 정도가 매주 게시물을 올리지.

10대 어린이와 청소년은 어떤 스마트폰 앱을 사용할까?

1	OTT 서비스로 영화와 드라마 시리즈를 보면서 많은 시간을 보내.	NETFLIX Disney+
2	주로 동영상을 활용한 SNS의 세계에 흠뻑 빠져 있지.	YouTube Instagram TikTok
3	친구들과 함께 온라인 비디오 게임을 해.	FORTNITE Discord
4	친구들과 메신저로 수다를 떨어.	KakaoTALK Messenger
5	음악을 들어.	YouTube Melon Spotify

팬데믹으로 스크린을 보는 시간이 폭발하듯 늘었어

코로나19 팬데믹을 막으려는 격리 조치와 통제로 사람들이 스크린을 보며 지내는 시간이 크게 늘었어. 어른이든 어린이든, 아시아에 살든 유럽에 살든 마찬가지였지. 2020년 1월, 프랑스 사람들이 스크린을 보며 지내는 시간은 하루에 **2시간 42분**이었어. 2022년 3월에는 그 시간이 하루에 **4시간 6분**으로 치솟았지. 쇼핑, 영화 관람, 병원 진료, 업무 회의, 수업, 연수 등 일상생활의 많은 부분이 비대면으로 이루어졌어. 식당에 가서 밥을 먹을 수 없어서 스마트폰으로 음식을 배달시키는 경우도 엄청나게 많았지.

모두가 동영상에 몰입 중?

2023년에 우리나라 사람들이 가장 자주 사용한 앱은 카카오톡이야. 하지만 가장 오래 사용한 앱은 유튜브지. 하루에 평균 2시간쯤 유튜브를 본대. 이 정도면 우리나라 사람들이 동영상을 보는 데 푹 빠져 산다고 해도 되겠지?

놀라운 사실!
3명 중 1명! 하루에 스마트폰을 3시간 이상 사용하는 초등학생의 비율이야. 4시간 이상 사용하는 초등학생도 22.5%나 돼.

친구들의 이야기

카퀴신, 13세
틱톡은 시간 도둑이야
인스타그램을 시작한 뒤로 스마트폰이 내 생활에서 어마어마한 자리를 차지하게 되었어. 난 열세 살 때 처음 스마트폰이 생겼어. 좀 늦은 편이지. 그런데 이젠 좀 부담스럽기도 해. 친구들은 늘 스마트폰 얘기만 하는 데다가 다들 인스타그램에 가입했어. 친구들 생활을 볼 수 있는 건 좋아. 방학을 어떻게 보냈는지, 하루를 어떻게 지냈는지 보여 주니까 친구들과 친해지기 좋아. 심심할 때 틱톡을 하는데 시간을 너무 많이 잡아먹어. 그래서 1시간이 지나면 알람이 울리도록 해 두었어.

라이얌, 14세
시작부터 잘못되었어
중학교 1학년 때 처음 스마트폰이 생겼는데, 2학년 4월에 부모님이 압수했어! 내가 스마트폰에 빠져서 가족들과 시간을 보내지 않는다고 생각하신 거지. 얼마나 속상하고 슬펐는지 몰라! 스마트폰 없이 지낸 지 6개월이 지났는데, 정말 다시 갖고 싶어. 그래도 참을 만해. 게임기도 있고 텔레비전으로 유튜브도 볼 수 있으니까.

스마트폰이 없었을 땐 어떻게 지냈을까?

부모님이 어렸을 땐 스마트폰이 없었어. 음악을 듣거나 통화하거나 사진을 찍으려면 그때마다 각각 다른 기기를 사용해야 했지. 상상이 잘 안 되지?

휴대폰은 1973년에 발명되었어

휴대폰은 1973년에 미국 엔지니어 마틴 쿠퍼가 발명했어. 우리나라 사람들이 휴대폰을 사용하기 시작한 건 **1990년대 말**부터야. 2000년대 초반에 모바일 인터넷과 스마트폰이 발명되면서 휴대폰을 쓰는 사람이 크게 늘었어.

그 뒤로 새로운 기능을 지닌 스마트폰이 하나하나 등장했어. 스크린을 접거나 말 수 있는 스마트폰까지 나왔지.

길에서 휴대폰으로 이루어진 **첫 통화**: 전화기 무게가 1킬로그램이 넘었고, 휴대폰 배터리 수명은 겨우 20분이었어!

휴대폰을 손에 들고 다니며 사용했지만 통화 기능밖에 없었어.

문자 메시지 발송 기능이 생겼어! 숫자 키를 여러 번 누르는 방식으로 문자와 단어, 문장을 보낼 수 있었지만 꽤 까다롭고 힘들었어.

| 1973년 | 1980년대 | 1990년대 | 1990년대 말 |

내가 지금 어디에서 전화를 거는지 모를걸?

커다랗고 무거운 초기 휴대폰은 **자동차**에 설치했으며 일부 특권층만 사용했어.

사장님, 전화 받으세요.

부모님에게 물어봐

우리는 지금도 텔레비전, 라디오, 카메라를 따로따로 사용해. 하지만 이런 기기들은 점점 쓰이지 않게 될 거야. 사람들이 여러 기능을 전부 해결해 주는 스마트폰을 더 좋아하기 때문이지. 옛날에는 메시지는 어떻게 보냈고, 음악은 어떻게 들었고, 영화는 어떻게 보았을까? 부모님이나 할아버지 할머니한테 물어봐.

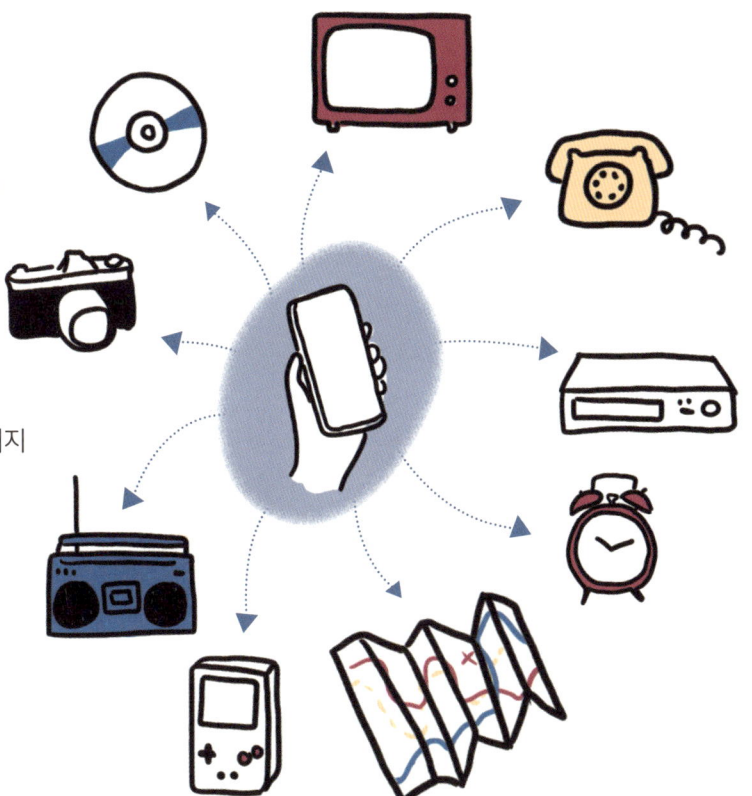

사진을 찍는 카메라에 음악을 듣는 MP3 플레이어까지…. 휴대폰이 단순한 전화기 수준을 넘어섰어. **컬러 스크린**이 설치된 휴대폰도 나왔어.

블랙베리에서 **와이파이 인터넷**에 접속할 수 있는 휴대폰을 처음으로 시장에 내놓았어. 슈퍼 연결 시대를 맞이하게 되었지!

1999년   **2001~2002년**   **2005년**   **2007년**

블랙베리는 **자판**이 따로 달린 첫 휴대폰이었어. 문자 발송 방법을 획기적으로 바꿔 놓았지.

터치스크린이 달린 아이폰 등장! 애플이 내놓은 아이폰이 사실상 첫 **스마트폰**이야. 작은 컴퓨터와 동일한 시스템으로 설계된 '똑똑한 휴대폰'이지. 그 뒤로 여러 회사에서 아이폰을 따라서 다양한 스마트폰을 만들었어.

너는 스마트폰으로

아래 질문에 답해 봐. 이 테스트로 너의 스마트폰 사용 성향이 구경꾼인지, 플레이어인지, 수다쟁이인지 알 수 있어.

스마트폰을 손에 잡자마자 첫 번째로 하는 행동은?

- @ 친구가 SNS에 올린 게시물을 보고 '좋아요'를 누른다.
- ✽ 즐겨찾기 해 놓은 앱에 들어가 배꼽 빠질 만큼 웃긴 동영상이 올라왔는지 찾아본다.
- \# 한 단계를 깨고야 말겠다는 각오로 모바일 게임 클래시로얄을 시작한다.

배터리가 다 떨어져 스마트폰을 사용할 수 없는 상황이라면?

- \# 즉시 게임기를 찾는다.
- @ 엄마 스마트폰으로 이 긴급 사태를 알리는 메시지를 절친에게 보낸다.
- ✽ 인기 유튜버의 최신 영상의 결말을 못 본다니! 기분이 최악으로 가라앉는다.

잠들기 전에 스마트폰으로 하는 행동은?

- ✽ 가장 좋아하는 드라마의 짧은 에피소드를 시청한다.
- \# 캔디크러쉬 게임을 한다.
- @ 친구들에게 메시지를 보낸다. "잘 자!"

학교가 끝나면 스마트폰으로 뭘 하니?

- @ 친구들을 불러 모아 함께 셀카를 찍는다.
- ✽ 내가 구독하는 유튜버가 새로운 영상을 올렸는지 살펴본다.
- \# 게임 앱을 열어 기대하던 아이템 선물이 들어왔는지 확인한다.

무엇을 하니?

스마트폰 알림을 어떻게 설정해 놓았니?

* ✳ 가장 좋아하는 동영상 플랫폼에서 보내는 알림만 받고, 나머지 알림은 다 꺼 두었다.
* @ 친구들이 어떤 이야기를 하는지 나만 모를 수는 없다! 그룹 채팅 알림은 꼭 확인한다.
* # 게임 최신 업데이트 알림을 놓치는 건 말도 안 되는 일!

뜻대로 되는 일이 하나도 없고, 기분이 좋지 않을 땐?

* # 다른 생각을 할 틈이 없는 게임 속 세상으로 도망친다.
* ✳ 이럴 땐 코미디언 유튜버의 영상을 보면서 깔깔거리는 게 최고다.
* @ 내가 최근 세 달 동안 SNS에 올린 사진을 모두 본다.

✳을 가장 많이 선택했다면

너의 성향은 '구경꾼'이야. 구독하는 유튜버의 영상을 보면서 웃기고 이상한 일들을 발견하는 게 즐거운 사람이지. 알고리즘이 추천하는 걸 그냥 볼 때도 있을 거야. 나중에 동영상 크리에이터가 될 마음은 없니? 한번 잘 생각해 봐.

#을 가장 많이 선택했다면

너의 성향은 '플레이어'야. 배틀로얄, 플랫폼 게임, 롤플레잉 게임, 전략 전술 게임, 슈팅 게임까지, 게임이라면 뭐든 해 보고 마는 사람이지. 아마 스마트폰을 쓸 수 없으면 바로 게임기를 찾을걸. 게임을 할 때, 친구들과 대화도 나눈다는 걸 부모님에게 알려 드리면 어떨까?

@을 가장 많이 선택했다면

너는 '수다쟁이' 타입이야. 스마트폰이 너와 친구들을 이어 주는 수단이지. 그래서 사진과 스토리를 올리고, 친구들의 피드에 댓글을 남기는 활동을 많이 하는 거야. 친구들과 얼굴을 마주 보며 직접 만나는 기회도 자주 만들어 봐. 솔직히 그게 더 좋지 않니?

애착 인형이 된 스마트폰

혹시, 스마트폰을 온종일 가지고 다니지 않니?
어릴 때 토끼 인형을 한순간도 손에서 놓지 않았던 것처럼.

스마트폰이 너한테 어떤 역할을 하는지 알고 싶다면, 이 테스트를 해 봐.

잠에서 깨자마자 하는 행동은?
* ✱ 욕실로 달려간다. 샤워하면 잠이 확 깰 테니까!
* @ 머리맡에 둔 스마트폰을 더듬거리며 찾는다.
* # 스마트폰은 식탁에 두고, 여유롭게 학교에 간다.

지금 특별히 할 일이 없다면?
* @ 재빨리 인스타그램에 들어가 스크롤 시작!
* # 100번쯤 읽은 만화책을 꺼내서 다시 읽는다.
* ✱ 누나를 졸졸 따라다닌다.

부모님은 저녁 모임에 가고 혼자 집에 있다면?
* # 저녁이 다 지나가도록 스마트폰을 비행기 모드로 해 둔 것도 모른다.
* @ 이상한 소리가 들릴 때마다 스마트폰을 더 세게 쥔다.
* ✱ '모든 문을 꼭꼭 걸어 잠갔으니 아무 일도 없을 거야.' 하고 생각한다.

길에서 엄마가 퇴근해서 나오기를 기다리는 중이라면?
* # 스마트폰 배터리가 다 떨어졌지만, 운동화를 신고 지나가는 사람이 몇 명인지 세며 즐겁게 기다린다.
* ✱ 회사에서 퇴근하는 엄마 직장 동료들에게 일일이 인사한다.
* @ 스마트폰을 보고 있으면 마음이 편안해진다.

세상에나, 가방이랑 주머니를 다 뒤졌는데 스마트폰이 없다면?
* @ 소리를 지르면서 즉시 집으로 돌아간다.
* # 이틀이 지나도록 스마트폰이 사라졌다는 걸 모른다.
* ✱ 스마트폰 찾을 생각을 안 한다. "뭐, 어디선가 나타나겠지."

친구 집에 초대받지 못해서 기분이 우울하다면?
* @ 우울한 기분을 떨쳐 버리는 데는 SNS를 들여다보는 게 최고!
* ✱ 친절한 아주머니가 사는 이웃집에 가서 초인종을 누른다.
* # "어차피 못 가게 된 걸 어쩌겠어?" 하며 어제 못 끝낸 퍼즐을 마저 맞춘다.

@ 을 가장 많이 선택했다면

슬프거나 마음이 불편하거나 걱정스러울 때 스마트폰이 안정감을 주는구나. 너한테는 스마트폰이 힘든 일을 겪을 때 고통을 덜어 주고, 지루하거나 우울할 때 위로해 주는 친구 같은 존재야. 혹시라도 스마트폰을 잃어버리면 공황 상태에 빠질 수도 있겠네. 배터리가 방전되지 않도록 조심해!

✱ 을 가장 많이 선택했다면

늘 스마트폰을 사용하지만, 혹시 사라져도 불안감에 빠지지는 않겠어. 너는 지루하거나 슬프거나 무슨 문제가 생기면, 주변 사람들로부터 해결책을 찾을 거야. 직접 **만나서 이야기하는 것**이 가장 중요하다고 생각하는 사람이니까! 그럴더라도 스마트폰 없이 지내는 게 쉽지는 않을 거야.

 # 을 가장 많이 선택했다면

이따금 자기만의 세계에 빠져 지내지? 너한테는 스마트폰도 특별할 게 없는 물건이야. 툭하면 스마트폰 없이 집을 나서고, 배터리 충전도 안 할 때가 많지. 부모님은 연락이 안 닿는다고 불평할 테고. 넌 방해나 간섭을 받는 걸 별로 좋아하지 않는 사람이야!

전문가의 조언

왜 잠시도 스마트폰을 놓을 수 없는 걸까요?

너와 스마트폰 사이에 무슨 일이 벌어지고 있는 걸까? 청소년과 디지털 문화를 연구하는 프랑스 심리학자 나데주 라르셰르의 말을 들어 보자.

빈 시간을 채우는 스마트폰

뭘 할지도 모르겠고, 방에 혼자 있는데 좀 지루한 느낌이 드는 순간들이 있어요. 요즘에는 보통 스마트폰으로 그런 빈 시간을 채우지요. 그런데 가끔 지루함이 필요해요. 정말 그렇답니다. 지루할 때 머릿속에서 아무 생각이나 떠오르게 내버려두면, 새로운 아이디어도 생각나고, 자신이 느끼는 감정도 이해하고, 더 깊게 생각할 수 있게 돼요.

애착 인형이 된 스마트폰

어릴 때 어디든 가지고 다니던 인형이 있지 않았나요? 부모님 냄새와 집 냄새가 나서 낯선 곳에 가도 집에 있는 것 같은 안정감을 주던 인형 말이에요. 이제는 스마트폰이 그런 애착 인형 역할을 하고 있죠! 사람들은 스마트폰에 자신이 좋아하는 사진, 음악, 흥미로운 영상을 다 담아 둬요. 스트레스를 받을 때 그런 걸 꺼내 보면 기분이 좀 나아지기도 하니까요.

나와 다른 이들을 연결해 주는 스마트폰

혹시 지금 부모님으로부터 독립하려고 조금씩 애쓰고 있지 않나요? 그러면서도 한편으로는 부모님이 가까이 있어야 안심이 되기도 할 테고요. 집 바깥에 있을 때도 스마트폰만 있으면 여러분이 사랑하는 사람, 편안하게 느끼는 사람과 연결돼요. 집에 있을 때도 언제든 스마트폰으로 친구들과 연결할 수 있고요.

안정감을 주는 스마트폰

특별히 할 일이 없는 붕 뜬 시간에 우리는 스마트폰을 확인하고 싶어져요. 다음 수업이 시작되기를 기다릴 때, 정류장에서 버스를 기다릴 때, 약속 장소에서 친구를 기다릴 때마다 스마트폰 화면을 들여다보게 되지요. 그러다 보면 어느새 자주 스마트폰을 보는 습관이 생겨요. 그렇게 하는 게 안정감을 주고, 스마트폰을 보는 동안은 낯선 사람을 마주하는 부담을 피할 수 있기 때문이에요.

도파민을 분비하는 스마트폰

스마트폰을 쓸 때 주의할 점은 사용 시간이에요. 긴장을 풀기 위해 짧은 동영상을 잠깐 보는 것과 한 시간 동안 스마트폰을 들여다보는 것은 다르지요. 하지만 스마트폰을 한번 보기 시작하면 좀처럼 눈을 떼기 어려워요. 스마트폰 콘텐츠가 우리 뇌의 보상 회로를 자극하기 때문이에요. **보상 회로**는 뇌에서 도파민이 분비되면 쾌락과 만족감을 느끼는 신경 세포 연결망인데, 10대의 뇌가 도파민에 특히 예민하게 반응해요.

친구들의 이야기

실로에, 15세
없으면 불편해!
병원 대기실에 있을 때 낯선 사람과 눈을 마주치면 불편하잖아. 무슨 말을 할지도 모르겠고. 그럴 때 스마트폰을 하면 편해. 집에서는 스마트폰이 없어도 괜찮아. 하지만 밖에 나갈 땐 스마트폰이 꼭 있어야 해. 무슨 일이 생기면 부모님에게 전화할 수 있으니까.

마이사, 13세
내가 잘하고 있는 건지 모르겠어!
등하교 시간에 주로 스마트폰을 쓰는데, 완전히 빠져 있을 때가 많다. 스마트폰 중독이 아닌지 생각해 봐야겠어. 틱톡을 보고 있으면 시간이 금방 지나가.

쉬나, 16세
친구들이 잘 있을까?
나는 타히티섬에서 프랑스로 이민을 왔어. 스마트폰으로 고향 친구들과 이야기하는 걸 좋아해. 시차가 있어서 쉬는 날 아침에만 메신저로 이야기를 나눠.

테스, 13세
스마트폰이 없으면 기다리는 게 힘들어
난 스마트폰이 없는데 누굴 기다릴 때가 가장 곤란해. 친구들이 약속에 늦어도 나한테는 알려 줄 수 없으니까. 친구를 기다리느라 나 혼자 길에 서 있었던 적이 있는데, 손으로 무얼 해야 할지 모르겠더라.

스마트폰이 나를 닮았어

사람마다 다르게 옷을 입는 것처럼 사람들은 스마트폰으로 자기 개성을 드러내기도 해!

넌 어떤 사람이야?

네 스마트폰은 어떤 '기종'이야? 사용하는 스마트폰 브랜드나 모델을 보고 그 사람이 **어떤 '유저'인지** 알 수 있어. 스마트폰을 중요하게 생각하는지 아닌지, 경제적 수준은 어떤지, 스마트폰을 되도록 안 쓰려고 하는지 아닌지를 알 수 있지. 어떤 부모님들은 자녀에게 구식 폴더 폰을 사 주는 게 좋다고 생각해. 어린이는 스마트폰을 쓰는 게 좋지 않다고 판단하는 거지.

선택의 기회가 없을 수도 있어

지금 쓰는 스마트폰이 원래 갖고 싶었던 거야? 사실, 어린이한테는 선택권이 별로 없어. 성능 좋은 최신 모델을 원해도 **가족이 쓰던 낡은 기계를 받을 수도** 있지. "내 친구들은 모두 아이폰을 갖고 있다고요." 하고 항의했다가 부모님한테 괜한 꾸중만 들을지도 몰라.

스마트폰은 액세서리 같은 것

사람들은 화려한 케이스, 멋진 바탕화면, 아이돌 음악 벨 소리 따위로 스마트폰을 꾸며서 자기 **개성**을 드러내려고 해. 옷, 액세서리, 헤어스타일을 바꾸는 것과 비슷하지. 스마트폰을 얼마나 중요하게 여기는지에 따라서 스마트폰을 다루는 방식도 달라. 어떤 사람은 목걸이처럼 스마트폰을 걸고 다니고, 어떤 사람은 편리하게 셀카를 찍으려고 손잡이를 붙이기도 해. 스마트폰을 가방에 넣고는 까맣게 잊어버리는 사람이 있는가 하면, 화장실에 갈 때도 손에서 놓지 않는 사람도 있어. 변기에 빠뜨리면 어쩌려고 그러는지 몰라! 요즘 스마트폰은 방수가 되니까 바닷가에서 영상을 찍을 때도 걱정할 필요가 없기는 해.

놀라운 사실!
2023년에 우리나라에서 판매된 스마트폰은 1,400만 대가 넘어!

스마트폰을 바꾸고 싶어!

주요 스마트폰 제조 회사들은 해마다 새로운 모델을 출시해. 더 빠르고, 더 얇고, 더 가볍고, 최신 AI까지 갖춘 새 모델이 나올 때마다 내 것은 **유행에 뒤쳐진 구닥다리**라는 느낌이 점점 강해져. 통신 회사들까지 "보조금을 주겠다, 36개월 할부도 된다." 하며 유혹하는 손길을 내밀지. 휴, 그 손길을 거부하는 건 너무 어려워!

스마트폰은 찰거머리?

가끔 스마트폰이 우리 삶에서 너무 큰 비중을 차지한다는 생각이 들 거야. 스마트폰이 없는 '예전 삶'으로 돌아가고 싶다는 생각도 들 테고. 한 조사에 따르면, 10대는 하루에 2시간, 성인은 하루에 3.5시간 동안 스마트폰을 사용한대. 이건 전 세계 평균이니까 사람에 따라서 천차만별일 테지만, 스마트폰이 우리 시간을 잡아먹고 있는 건 분명한 사실이지.

놀라운 사실!
심리학자들이 '**노모포비아(nomophobia)**'라는 말을 새로 만들었어. 노모(nomo)는 'no mobile phone'을 줄인 말이고, 포비아(phobia)는 공포증이란 뜻이야. 자기만 무언가를 놓칠지 모른다는 두려움 때문에 스마트폰을 떼어 놓지 못하는 증상을 가리키는 말이지.

마치 몸이 마비된 것처럼

아마 이런 경험이 있을 거야. 친구들과 만나기로 했는데 늦었다거나, 엄마가 "밥 먹어!" 하고 불러서 헐레벌떡 식탁으로 갔더니 식구들이 다 기다리고 있었다거나 하는 경험 말이야. 스마트폰을 보다가 그랬을 거야. 실제로 많은 사람이 **스마트폰에 홀려서 시간이 흐르는 걸 잊어버려.**
스마트폰이 다른 활동을 방해하고 심지어 포기하도록 만들기도 해. 맛있는 과자 만들기, 새로운 축구 기술 연습하기, 풍경이 아름다운 산에 오르기 등 할 수 있는 일이 많지만, 마치 몸이 마비된 듯 스마트폰만 들여다보게 되지. 친구들이 올린 게시물을 보는 건 재미있지만, 가끔 이상한 기분이 들 거야. 나만 아무것도 안 하고 시간을 낭비하고 있는 게 아닐까? 분명히 이런 생각을 해 봤을 거야, 그렇지?

무언가 놓치고 있다는 두려움

좀 극단적인 경우이긴 하지만, **고립 공포감**에 빠지는 사람도 있어. 자기 혼자만 어떤 사건이나 정보, 기회를 놓칠까 두려워서 스마트폰에서 눈을 떼지 못하는 거지. 이런 두려움은 자연스러운 것이기도 해. 누구나 친구 생일 파티에 빠지거나 월드컵 결승전을 못 보는 건 싫지. 하지만 오늘날에는 이 현상이 SNS와 와이파이 같은 것 때문에 증폭되고 있어. 그런데 말이야, 항상 모든 곳에 참여하려 하다가는 결국 한 군데도 제대로 참여하지 못해. 그렇지 않니?

집중력 도둑

끊임없이 울리는 **알림** 소리가 집중력 도둑이란 거 알고 있니? 스마트폰 앱은 쉬지 않고 알림을 보내. 게임을 하세요, 앱을 업데이트하세요, 할인 행사가 시작됐어요, 친구가 새 게시물을 올렸습니다 등등. 우리더러 '좋아요'를 누르고 셀카를 올리라고 독촉하는 거지. 알림을 몽땅 확인하다간 생활이 엉망이 될 거야. 해결책은? 진짜 중요한 것만 남기고 나머지 알림 설정은 꺼 버려.

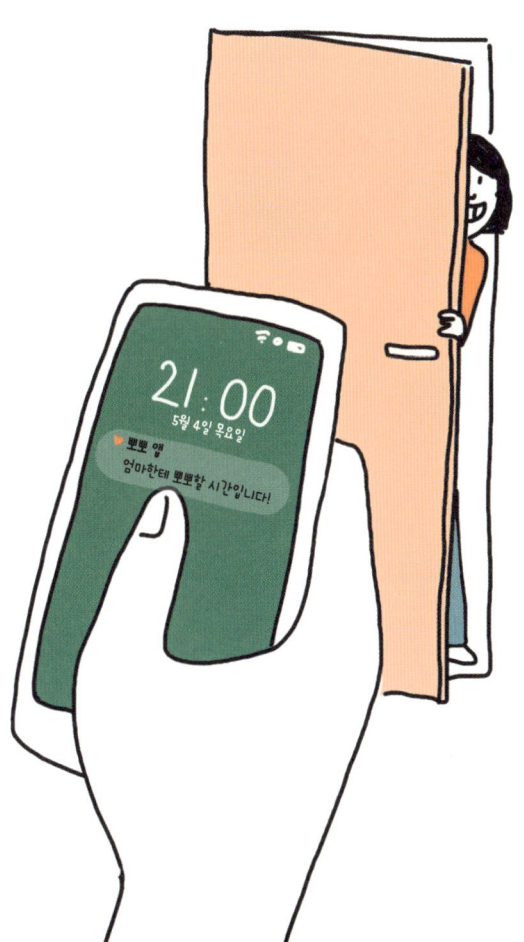

친구들의 이야기

멜리나, 13세
사람들을 만나고, 좀 다른 걸 하고 싶어
나는 스마트폰으로 드라마를 보거나 게임을 해. 하지만 스마트폰이 없는 게 더 좋을 거 같아. 그러면 세상이 더 평등해지고, 사람들끼리 더 자주 만나고, 다양한 일에 뛰어들 테니까. 그런데 방에 혼자 있을 때는 스마트폰 없이 시간을 보내기가 힘들어.

카퀴신, 13세
진짜 세상을 보고 싶어
새로운 앱을 깔았는데, 이게 인스타그램보다 더 진짜 같아. 인스타그램에는 가장 멋진 사진만 골라서 올리잖아. 수정도 좀 하고. '비리얼(BeReal)'은 달라. 알림이 오면, 2분 안에 내가 있는 곳에서 사진을 찍어서 올려야 해. 2분이 지나도 사진을 올릴 수는 있지만 '늦었다'는 표시가 붙어.

탈리아, 16세
머리가 텅 빈 것 같아
전에는 SNS를 하루에 45분만 할 수 있었어. 지금은 내 맘대로 할 수 있는데, 한번 보기 시작하면 멈출 수가 없어. 내 머리가 점점 비어 가는 것 같아. 스마트폰을 쓰는 동안은 뇌를 거의 안 쓰거든. 아무래도 시간을 낭비하며 사는 것 같아.

내가 쓰는 스마트폰이

지금 쓰는 스마트폰을 새 걸로 바꾸고 싶다고? 벌써? 그렇다면 행동으로 옮기기 전에 다음에 나오는 말이 맞는지 아닌지 대답해 볼래? 참일까 거짓일까?

스마트폰은 굉장히 작아서 환경 오염을 일으키지 않는다!

사람들은 대개 새 스마트폰을 구매한다.

스마트폰이 망가지면 '일반 쓰레기'로 버리면 된다.

거짓! 스마트폰을 만드는 과정에서 환경 오염이 특히 많이 발생해! 스마트폰에는 70가지가 넘는 다양한 물질로 만든 부품이 들어가. 유리, 세라믹, 플라스틱뿐만 아니라 구리와 니켈, 금 같은 금속도 들어가지. 전 세계 **광산에서 이런 금속을 캘 때 물, 공기, 토양이 오염돼.** 광산의 작업 환경도 매우 나빠.

참! 우리나라 사람들은 **4명 중 3명이 새 스마트폰을 구매하고 평균 3년 정도 사용해.** 많은 사람이 기계가 멀쩡한데도 새 모델을 갖고 싶다는 이유로 스마트폰을 교체하지. 이런 속도로 사람들이 스마트폰을 갈아 치우면, **2030년까지 광산을 3배나 늘려야 해.** 말도 안 되는 일인 데다가 환경 오염도 그만큼 늘어날 거야!

거짓! 망가진 스마트폰은 대부분 수리할 수 있어. 수리할 수 없을 때는 '나눔폰(www.나눔폰.kr)'처럼 자원을 순환하는 곳에 보내거나 전자 회사 서비스센터에 맡겨야 해. 그러면 스마트폰이 재활용돼. 스마트폰을 분해해서 나오는 플라스틱과 금속을 새 제품을 만드는 데 쓸 수 있지. 오래된 스마트폰 100개를 재활용하면, 광산에서 나오는 원재료를 170킬로그램이나 절약할 수 있어. 어때, 제대로 처리하는 게 좋겠지?

놀라운 사실! 서랍 속에서 잠자는 스마트폰이 프랑스에서만 1억 대가 넘어!

환경에 좋을까?

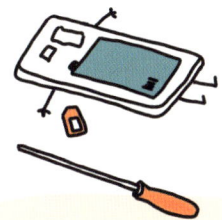

스마트폰이 고장 나면 스스로 수리할 수 있다.

리퍼비시 스마트폰은 잘 작동하지 않는다.

거짓이면서 참!
스마트폰을 스스로 수리하는 건 어려워. 하지만 제조 회사들은 법에 따라서 수리하는 데 필요한 부품을 몇 년 동안 공급해야 해. 소비자가 직접 수리할 수 있는 키트를 제공하는 회사도 늘어나고 있어! '페어폰'이란 회사에서 내놓은 모델처럼 쉽게 분해할 수 있게 설계한 제품도 있지.

거짓! 리퍼비시 스마트폰은 중고 스마트폰과 달라. 누가 사용한 게 아니라 불량품을 수리하거나 누군가 샀다가 사용하지 않고 반품한 거지. 한 연구에 따르면, 리퍼비시 스마트폰의 평균 수명은 새 스마트폰과 거의 같아.

생각해 봐!

스마트폰을 오래 쓰려면, 잘 보호해야 해. 특히 액정 화면이 깨지지 않게 조심해야 해. 플라스틱 케이스 대신에 친환경 케이스를 써 봐. 밀짚이나 나무로 만든 것도 있고 스케이트보드를 재활용한 것도 있어. 배터리를 오래 쓰려면, 가끔 전원을 끄고, 밤새껏 충전하지 말아야 해.

스마트폰으로

소통하는 사람들

소피앙
너 지금 어디?
우리 완전 늦었어.

소피앙
빨리 와!!! 시험 시작하기 직전이야.

소피앙
걱정 마. 나도 안 했어.

소피앙
뭐, 평소 실력이 있으니까!

나는 말한다, 고로 존재한다

스마트폰은 너와 친구들을 연결해 줘. 그래서 부모님이 스마트폰 좀 그만하라고 하면 반항하게 되지. 부모님은 너희가 스마트폰으로 진짜로 대화를 나눈다는 걸 잘 몰라! 청소년이 스마트폰으로 다른 사람과 소통한다는 게 통계로도 확인되었어.

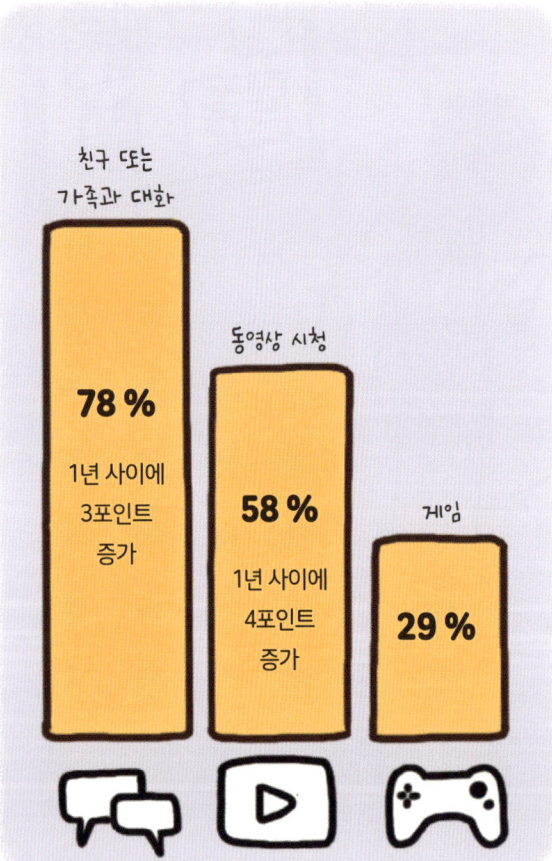

11-18세 청소년은 SNS에서 어떤 활동을 할까?(2022년, 프랑스)

친구 또는 가족과 대화 **78 %** 1년 사이에 3포인트 증가

동영상 시청 **58 %** 1년 사이에 4포인트 증가

게임 **29 %**

친구들이 왜 그렇게나 중요한 걸까?

친구는 우리 삶에서 언제나 중요하지만, 청소년기에 특히 더 그래. 이 시기는 **부모에게서 독립하여** 자기만의 삶을 만드는 전환기야. 큰 변화가 일어나는 시기이고, 그래서 어느 때보다 불안정하지. 프랑스 심리학자 프랑수아즈 돌토는 청소년을 **바닷가재**에 비유했어. 바닷가재는 성장 과정에서 자기를 둘러싼 껍질을 벗고 다시 새 껍질을 만들어. 전환기에 놓인 청소년은 껍질을 벗은 바닷가재처럼 연약해. 이럴 때 친구들이 보호막이 되어 주지. 게다가 같은 시기를 지나는 처지라서 고민도 서로 비슷하고 이해도 잘해 줘.

친구가 안전한 느낌을 줘

운동장이나 교실에서 함께 깔깔거리며 노는 게 좋은 친구가 있는가 하면, 몇 안 되지만 마음을 털어놓을 수 있는 친구도 있어. 그런 친구들은 네가 학교 화장실에서 볼일을 볼 때 문 앞에서 기다려 주고, 형제자매와 싸운 이야기도 잘 들어 주고, 지하철 입구에서 네가 나올 때까지 기다렸다가 학교까지 함께 걸어가. 이런 친구가 있으면 안전한 느낌이 들지.

다양한 친구 모임

스마트폰에서 비슷한 일이 벌어져! 우리는 다양한 앱에 여러 계정을 만들어. 예를 들면 카카오톡, 인스타그램, 네이버 밴드 등 따로 계정이 있지. 거기서 여러 그룹의 친구들을 만나. 아주 친한 친구들끼리 한 그룹, 취미가 같은 친구들끼리 한 그룹을 만들고, 그룹에 맞는 대화를 나누는 거야.
스마트폰 친구들의 다른 점은? 직접 만나지 않아도 된다는 거지. 기분이 우울할 때, 부모님과 싸웠을 때, 오늘 뭘 입어야 할지 고민할 때, 앱을 열고 친구에게 메시지를 보내면 되니까.

개인 정보가 뭘까?

이름과 주소, 생년월일, 그리고 너의 인터넷 검색 기록을 분석하면 나오는 모든 정보가 개인 정보야. 네가 좋아하는 농구화 브랜드, 즐겨 먹는 과자, 자주 연락하는 친구의 연락처, 모두 중요한 정보니까 새어 나가지 않게 조심해!

난 혼자가 아니야

사람들이 SNS에 자기 기분이 어떤지, 어떤 선택을 했는지, 무슨 생각을 하는지 공유하잖아. 그걸 보고 있으면 그 사람이 친구처럼 느껴져. 언제든 가까이 다가갈 수 있는 **중요한 존재**가 된 것 같지. 서로 메시지를 주고받지 않아도 외로움을 덜 느끼고, 누군가와 같은 관심과 생각을 공유한다고 느끼게 돼. 누군가가 나를 이끌어 준다는 기분이 들어서 안심이 되기도 해.

나 좀 도와줘, 문제가 생겼어!

SNS에서는 문자로 이야기를 나누잖아. 이 방식 때문에 가끔 복잡한 일이 벌어져. 좋던 관계가 꼬여 버리기도 하지.

오해가 생기지 않게 조심해!

맞아! 문자 메시지 뒤에 **숨은 의도**를 파악하는 게 어려울 때가 있어. 얼굴을 마주 보며 대화할 때와 달리, 몸짓이나 표정을 볼 수 없잖아. 그래서 오해가 생기기 쉬워!
얼굴을 보고는 결코 하지 않을 불쾌한 말도 문자로 보내기는 쉬워. 그런 말이 오가면 흥분이 되고 관계가 꼬이지. 게다가 상대방의 반응을 바로 확인하지 못할 때도 많아. 우리가 보낸 문자를 상대방이 어떻게 느끼는지 바로 알 수 없는 거지. 이모티콘으로 마음을 표현할 수 있어서 그나마 다행이야!

말은 사라지지만, 문자는 남아

사소하지만 날카로운 말, 부적절한 농담, 무례한 댓글. 이런 문자는 사라지지 않고 남아. '넘지 말아야 할 선'을 넘은 사람에게도, 이런 문자를 받은 사람에게도 문제가 되지. 옛날이었으면 시간이 지나면서 사라졌을 불쾌한 기억이 인터넷 세상에서는 돌에 새긴 것처럼 오래 남아 있어.

생각해 봐!

메신저 앱인 카카오톡에는 보낸 메시지를 지울 수 있는 기능이 있어. 얼마나 다행인지 몰라.

반응하기 전에 브레이크!

너의 뇌는 아직 발달 중이야. 그래서 어른들처럼 감정을 조절하기 힘들어. 화가 치밀거나 질투가 나거나 부끄러우면, **필터를 거치지 않은** 흥분된 반응이 바로 나와 버리지. 그러니까 실수하지 않게 조심해! 사실은 어른들도 바로 반응하고 싶은 유혹에 가끔 빠져.

내가 찍은 사진의 '주인'은 누구?

친구를 찍은 사진을 SNS에 올리기 전에 그 친구에게 말해야겠다고 생각한 적 있니? 그 사진이 널리 퍼질 테니까 친구한테 미리 허락을 구해야 해. 바로 '**초상권**' 때문이지. 네 눈에는 재미있고 근사해 보여도 친구는 맘에 들지 않을 수도 있고, SNS에 퍼지는 게 싫을 수도 있어.
만일 네가 찍힌 사진을 허락 없이 올렸을 때는 내려 달라고 요구할 수 있어. 사진이 퍼져서 손해를 보았다고 판단하면 고소를 할 수도 있지.

친구들의 이야기

라얀, 14세
엉망진창이야
우리 반 단톡방은 원래 숙제나 수업 안내를 위해서 만든 거야. 그런데 애들이 아무거나 막 올리는 바람에 뒤죽박죽이 되어 버렸어.

살로메, 15세
SNS 때문에 짜증 나
어떤 애들은 문제가 생겼을 때 바로 말하지 않고 저녁에 SNS로 메시지를 보내서 해결하려고 들어. 그러면 오히려 문제가 더 복잡해져. 나도 같은 반 여자애랑 네 번이나 다퉜어. 이제는 SNS 메시지에 답하지 않을 거야. 그 여자애랑 관계도 끝내기로 결심했어.

클로에, 15세
사흘간의 정학
우리 학교에서 여자애 몇이서 어떤 남자애를 놀리는 영상을 만들었어. 그 남자애 때문에 솔직히 다들 오랫동안 괴롭긴 했어. 그래도 그런 동영상을 만들어서 학교 전체에 퍼뜨리는 건 별로였어. 그 여자애들은 남자애를 괴롭힌 벌로 사흘간 정학을 받았어.

내가 보여 주는 것, 내가 숨기는 것

사람들은 친한 친구들에게만 공개한 SNS 계정에는 자기 모습을 있는 그대로 보여 줘. 낯선 사람까지 팔로우하는 계정이라면, 보통은 사진을 좀 수정해서 올리지. 그렇게 노력해도 때로는 생각지도 못했던 문제가 생겨!

아, 나도 걔 알아. 내 친구의 친구의 친구거든.

누구에게 무엇을 보여 줄지 대상에 따라서 선택해

우리는 가까운 친구들로 이루어진 SNS 그룹에는 **아주 개인적인 것까지** 보여 줘. 흥분한 모습, 실패한 모습, 잘 안 나온 사진과 영상까지 올리지. 친구들이 좋은 마음으로 받아 줄 거니까 자기 모습을 편하게 보일 수 있는 거지. 하지만 누구나 볼 수 있는 SNS 계정을 사용할 때는 완벽하지 않은 모습은 지워 버리고 이상적인 모습만 보여 줘.
그러다 보면, 보통은 취미와 관심거리가 비슷한 사람들끼리 서로 계정을 팔로우하게 되지.

팔로워는 많으면 많을수록 좋다!

누군가 '팔로우하고 싶어요.'라는 요청을 보내면, 너의 **가치가 올라간 기분**이 들 거야. 그래서 사람들이 잘 모르는 사람의 요청까지 받아들이지. 때로는 보낸 사람의 기분이 상할까 봐 팔로우 요청을 받아들이기도 해.
너를 팔로우한다는 건 그 사람이 너를 '괜찮은' 사람으로 생각한다는 뜻이야. 다른 사람의 눈으로 자기 가치를 확인하는 거지. 팔로워가 늘면, 자존감이 높아질 수도 있어!

'좋아요!'를 받으면

인스타그램 친구가 400명이나 돼도 우리는 가끔 외로움을 느껴. 외로움은 우리를 약하게 만들지. 친구가 내 사진에 하트나 '좋아요'를 보내면, 사랑을 받는 듯한 기분이 들고, 자신이 **더 단단하고 강한 사람**이 된 것 같아. 하트나 '좋아요'를 받으면 우리 뇌의 보상 회로가 작동하기 때문이야. 그 유명한 도파민이 뇌에서 분비되고, 그 '맛'을 본 뇌는 더 많은 도파민을 요구하지. 문제는 우리가 도파민에 익숙해진 나머지 '좋아요'를 받지 못하면 우울한 기분에 빠지고, 그래서 '좋아요'를 받기 위해 자신을 더 많이 드러내게 된다는 거야.

모든 게 빨리 변해!

이제 막 SNS를 시작했다면 때로 **어떤 걸 보이고 어떤 걸 숨길지** 판단하기 어려울 거야. 청소년기는 모든 것이 빨리 변하는 시기야. 스타일, 취향, 의견, 심지어 친구까지 바뀌지! SNS 친구들에게 많은 걸 보여 주려다 보면, 자기 삶을 너무 자세히 드러내거나 노출이 좀 심한 사진까지 올릴 수 있어. 나중에 그런 정보가 놀림거리가 되거나 이상한 곳까지 퍼질 수 있으니까 조심해. 인터넷에서는 어떤 것도 완벽히 지울 수 없으니 더욱 조심!

차단할 수밖에 없어

나를 팔로우하는 사람이 껄끄럽게 느껴진다면 어떻게 해야 할까? 학교에서는 마음이 안 맞는 친구와 **자연스럽게 멀어질 수 있어.** 같이 노는 기회를 줄이고, 인사도 좀 덜 하면 되지. 하지만 SNS에서는 어떻게 하지? 그 사람을 차단하거나 그 사람이 올린 글이 안 보이게 설정할 수 있어. 차단당한 상대가 좀 불쾌하게 생각할 순 있지.

가끔 쉬어도 괜찮을까?

가끔은 SNS가 지겨울지도 몰라. 부모님과 함께 휴가를 떠나 있거나 혼자만의 세계에 머물고 싶을 때도 쉴 새 없이 메시지가 올 수 있지. 친구의 문제를 상담해 주다가 지쳐서 배터리가 방전된 상태가 되면 어떡할래?
학교 단톡방에 올라온 수많은 메시지를 보다가 어지러움을 느낄 수도 있어. **다 읽지 않아도 괜찮아.** 때로는 **답을 안 해도 되고**, 친구들의 물음에 꼭 의견을 달지 않아도 돼. 성장한다는 건 다른 사람이 말을 걸어 올 때 대응할지 말지 잘 결정하는 것이기도 해. 물론 쉽지는 않아! 아마 답을 꼭 해야만 한다는 생각이 들 테니까. SNS를 방금 시작했다면 더 그럴 거야.

생각해 봐!

SNS 활동에 시간을 너무 많이 빼앗긴다는 생각이 들면, 잠시 쉬는 게 좋아. 스마트폰 없이 지내면서 자기 시간을 스스로 계획하고 통제해 보는 거지.
그러기로 결심했다면, 친구들에게 네 계획을 알려 줘. 친구들이 널 잊을까 걱정할 필요는 없어. 이런 식으로 말해 두면 돼. "지금부터 잠시 SNS를 쉴게.", "수요일 오후에는 엄마랑 쇼핑하러 갈 거라서 연락이 안 될 거야."
잠시 쉬었다가 다시 하고 싶은 생각이 들면, 그때 스마트폰을 들고 시작하면 돼.

스마트폰은 '나를 비추는 거울'

멋진 여행, 잘생긴 친구들, 학교에서 받은 상, 새 농구화. 네가 스마트폰으로 보여 주고 싶은 건 이런 좋은 모습이겠지. 잘 나온 셀카도 공유할 테고. 보여 주고 싶지 않은 건 평범하기 짝이 없는 지루한 하루, 그리고 콧등에 불쑥 솟은 여드름!

비교하려는 욕구

자신과 다른 사람을 비교하는 건 자연스럽지만, SNS를 하면 비교할 기회가 훨씬 더 늘어나. SNS에서는 코가 오뚝하고 복근이 탄탄한 세련된 사람들만 보이기 때문이지. 한 연구에 따르면, 인스타그램을 하는 여성 청소년의 3분의 1이 자기 **외모에 대한 불만이 커졌다**고 말했어.

온종일 완벽한 몸매를 보면

몸이 아름답고 날씬한 사람들의 사진을 더 많이 볼수록, 자기 **몸에 대한 만족도가 떨어져**. 이건 연구자들이 확인한 사실이야. 그런 사진은 보정을 거친 비현실적인 모습이라고 생각하고 되도록 안 보려고 해도, '완벽한' 신체 이미지가 하루에 수십 번씩 우리 뇌에 각인돼. 결국은 완벽한 몸매를 몸의 기준으로 삼게 되지. 이런 일은 5세 무렵에 몸매가 비현실적인 바비 인형을 갖고 놀 때부터 시작되고, 여자가 남자보다 좀 더 큰 영향을 받아.

전문가의 조언

우리는 왜 그렇게 셀카를 많이 찍는 걸까요?

셀카는 청소년들에게 거울처럼 작용해. 셀카는 자신의 가장 좋은 모습만을 스스로에게 제시해 주는 증거처럼 남아 있다. 하지만 프랑스 심리학자 나데주 라르셰르는 청소년들이 계속 변화하는 자신의 얼굴에 적응해야 한다고 말해.

"셀카는 연출된 사진이에요. 필터를 사용하고, 15장 정도 찍은 뒤에 가장 잘 나온 걸 골라서 올리지요. 청소년은 실제로는 자기 삶을 잘 통제하지 못해요. 셀카는 그런 청소년에게 **통제를 잘하고 있다는 느낌을** 줍니다. 갑자기 자신에게 힘이 생긴 것 같죠! 안타깝게도, 셀카에는 부정적인 효과도 있어요. 이런 방식으로 끝없이 완벽함을 추구하다 보면, 끝내 자기 진짜 모습에 **만족하지 못할 수도 있어요.**"

완벽한 잣대를 버리자

화장도 안 하고, 필터도 사용하지 않은 자기 모습을 보여 주려는 사람들이 점점 늘어나. 그 사람들은 '완벽한' 잣대에서 벗어나 불룩한 배와 여드름이 난 얼굴을 자연스럽게 드러내는 게 더 나은 행동이라고 생각해. 이런 운동을 '**자기 몸 긍정주의**'라고 하는데, SNS에서도 널리 퍼지는 중이야. 이 운동을 지지하는 인스타그램 계정에 수만 명씩 팔로워가 늘고 있지. 이 흐름에 뛰어든 남자들도 꽤 많아.

기뻐도 셀카, 슬퍼도 셀카!

물속에서, 박물관에서, 멋진 풍경 앞에서, 기념비 또는 거대한 피자 앞에서 셀카를 찍는 건 이렇게 외치는 거야. "난 여기 갔었고, 끝내주는 하루를 보냈어!" 이런 행복한 셀카 유행을 거스르려는 인플루언서들이 새로운 흐름을 만들고 있어. 바로 **슬픈 셀카**! 진실한 순간을 포착한다며 눈물을 찍어서 올리는 거야. 어떤 사람들은 이게 슬픔으로 사람들을 유혹하는 짓이라고 비판해. 슬픈 셀카가 때로는 수백만 조회수를 기록하는데, 이런 셀카도 연출된 사진이라는 거지!

친구들의 이야기

카퓌신, 13세
난 비교 안 해!
내 친구는 자기가 팔로우하는 여자애들과 자기를 자꾸 비교해. 그것 때문에 진짜 힘들어했어. 나는 친구나 친구의 친구 계정만 팔로우해. 연예인들 계정은 안 봐. 그래서 비교할 일도 없어. 연예인들이 올리는 사진도 다 필터를 쓰고 보정도 한 건데, 뭐 하러 그래.

아델, 15세
난 말에 관심이 많아!
보통은 알고리즘이 추천해 주는 걸 보잖아. 그게 내 관심에 따라서 바뀌는 거 같아. 나는 말에 관심이 아주 많아. 그래서 내 인스타그램 피드에는 예쁜 연예인 사진보다 말 사진이 더 많아!

토마, 16세
여자애들이 자기 사진을 더 많이 올려
난 아무것도 올리지 않아. 사진도 안 올리고, 내 생활을 보여 주지 않아. 나는 다양한 사람한테 관심이 많은데, 특히 무슨 일을 하는지 궁금해. 내가 보기에 여자애들이 자기 외모를 보여 주는 사진을 더 많이 올리는 거 같아.

나는 스마트폰으로 누구와

스마트폰은 우리와 다른 사람을 연결해 주는 마법 같은 도구야. 스마트폰이 없으면 세상에 혼자 남겨진 것 같고, 마치 길을 잃은 것 같은 기분이 들 거야!

스마트폰으로 누구와 가장 자주 대화해?

자주 대화하는 순서대로
1번부터 8번까지 번호를 매겨 봐.

어른들 (부모님, 할아버지, 할머니, 삼촌, 이모, 고모 등) ------	사촌들 ------	가장 친한 학교 친구들 ------
같은 반 학생들 ------	알고 지내는 사람들 (한 번 만난 사람이나 친구의 친구) ------	지금 사귀는 남자 친구 또는 여자 친구 ------
옛날에 친했던 친구들 (이사를 하거나 전학을 온 경우) ------	학교 밖에서 만난 친구들 (주말에 노는 동네 친구, 스포츠 센터 친구 등) ------	

어떻게 대화할까?

대화하는 사람이 몇 명이야?

하루에 스마트폰으로 대화하는 사람의 수를 세어 봐.
들쭉날쭉하다면 평균을 계산해서 적어.

월요일-금요일	주말이나 방학
------	------

어떤 방식으로 대화하니?

대화할 때 가장 많이 쓰는 방식은? 1번부터 4번까지 번호를 매겨 봐.

문자 메시지	음성 메시지	음성 통화	모두가 읽을 수 있는 댓글
------	------	------	------

친구들과 말이 잘 통하는 것 같아? 기분 나쁜 메시지가 와도 참거나 하고 싶은 말을 다 못 한다는 기분이 들지 않니? 그렇다면, 대화에서 끌려다니지 않고 어떻게 자기 통제권을 되찾을지 곰곰이 생각해 보!

스마트폰이 우리를 완전히

잘못하다간 온종일 스마트폰에 주의를 빼앗기기 쉬워. 우리만 그런 게 아니야. 전 세계 사람이 스마트폰에 홀딱 빠져 있지. 프랑스 사람들은 어떨 거 같아?

1 아침에 일어나자마자 스마트폰부터 확인하는 프랑스인의 비율이 어느 정도일까?

@ 10명 중 2명
✳ 10명 중 8명
\# 10명 중 6명

2 프랑스인은 평균적으로 얼마나 자주 스마트폰을 확인할까?

@ 한 시간에 한 번
✳ 10분에 한 번
\# 30분에 한 번

지배하고 있다!

3 스마트폰을 들고 화장실에 가는 프랑스인의 비율은?

@ 없음(나쁜 습관이니까 절대 금지!)
* 10명 중 4명
# 10명 중 9명

4 일주일에 적어도 한 번은 SNS에 게시물을 올리는 프랑스인 부모의 비율은?

@ 10명 중 4명
* 10명 중 2명
# 10명 중 8명

이 질문에 답해 보면서 너의 스마트폰 사용 습관은 어떤지 스스로 점검해 봐. 부모님에게도 한번 물어봐. 꼭 솔직하게 답해야 해!

답: 1.#, 2.*, 3.#, 4.@

주의력을 훔쳐 먹는 도둑

스마트폰의 유혹에 저항하는 건 진짜 힘들어. 지금처럼 다양한 앱이 우리 뇌를 차지하려고 경쟁하는 상황에서는 특히 더 힘들지!

우리가 **느끼는 시간**과 **실제 시간** 사이에는 차이가 있어. 그래서 스마트폰을 10분쯤 들여다본 것 같은데 시계를 보면 한 시간이나 지나 있을 때가 많은 거야. 그럴 때 죄책감이 들기도 해. 그렇게 오래 스마트폰을 쓰는 게 좀 한심하다는 생각이 들기 때문이지. 무언가에 끌려다닌 것 같은 불쾌한 감정을 느끼는 건 너뿐이 아니야. 실제로 **많은 사람이 자기가 예상한 것보다 훨씬 오래 스마트폰을 사용하고, 멈추고 싶은데도 그러지 못해.**

스마트폰은 너보다 훨씬 힘이 세!

우리가 스마트폰에 빠지는 건 우리 잘못만은 아니야. 앱 자체가 우리 **주의력을 빼앗도록 설계되었거든.** 소리와 시각 효과도 끝내주고, 손가락만으로 번개처럼 사진을 합성하고 편집할 수 있어. 게다가 모든 게 직관적이고 쉬워. 예를 들어, 시간을 보려고 스마트폰을 확인했는데, 알림이 떠서 틱톡 앱을 열게 되고, 결국에는 짧은 영상을 보느라 몇 시간을 보내게 되지. 누구나 그래. 15초에서 60초마다 새로운 영상이 제공되면, 우리 뇌는 저항하기 힘들어.

생존 시스템

뇌에는 우리를 둘러싼 모든 것에 꼬리표를 붙이는 신경 시스템이 있어. 꼬리표는 두 가지야. "**이건 좋다.**" 또는 "**이건 나쁘다.**" 이런 시스템 덕분에 인류가 살아남았어. 자연에서는 빨리 결정하는 게 유리하기 때문이지.

놀라운 사실! 전 세계 틱톡 사용자는 하루 평균 몇 번이나 앱을 열까? 19번!

이런 시스템 가운데 잘 알려진 게 **보상 회로**야. 보상 회로 때문에 우리가 **기쁨**이나 즉각적인 욕구 충족에 민감하게 반응해. SNS에서 하트나 '좋아요'를 받으면 보상 회로가 바로 작동하기 시작하지.

새로울수록 관심이 많이 가!

연구자들에 따르면, 2010년부터 2015년까지 5년 동안 인류가 생산한 정보가, 15세기에 인쇄술이 발명된 뒤부터 2010년 전까지 생산한 정보보다 더 많아! 인터넷 덕분이지. 스마트폰으로 쏟아져 들어오는 사진, 동영상, 메시지가 우리를 압도할 만큼 엄청나서 쓸 만한 걸 고르기 어려워. 그렇다면, **우리 주의를 가장 많이 빼앗는 게 무엇일까?**

1. 처음 보는 새로운 것
2. 재미있거나 놀랍거나 이상한 것
3. 분노, 기쁨, 두려움, 슬픔처럼 강렬한 감정을 자극하는 것

친구들의 이야기

토마, 16세
5분만 보려고 하는데 1시간이 지나가
'딱 5분만 봐야지.' 하고 틱톡을 열면 금세 한 시간이 지나가. 그러고 나서 후회해. 시간도 낭비한 데다가 다른 할 일도 못 했으니까. 지난 주말에 부모님이 스마트폰을 압수했어. 그때 깨달았어. 스마트폰이 내 공부에 얼마나 큰 영향을 주고 있는지.

샤를로트 12세
쇼츠에서 벗어나는 게 어려워
4학년이 끝날 때쯤 스마트폰이 처음 생겼는데, 그때부터 성적이 뚝뚝 떨어졌어. 유튜브 쇼츠 때문이야. 한번 보기 시작하면 멈출 수가 없어. 5학년 때는 스마트폰 없이 지내다가 다시 쓰기 시작했어. 지금은 숙제나 할 일을 끝낸 뒤에만 스마트폰에 손을 대려고 노력하고 있어.

탈리아, 16세
제한이 있었다면 더 좋았을 거야
4년 전부터 스마트폰을 쓰기 시작했어. 사용 시간을 스스로 조절하려고 해 봤는데 실패했어. 차라리 사용 시간에 제한이 있었으면 좋았을 거 같아. 아빠가 인터넷에 무제한 접속하는 걸 허락해 주었어. 처음엔 좋았지. 내가 잘 조절해서 쓸 거 같았거든. 하지만 한번 접속하면 도저히 못 끊겠더라!

뇌가 함정에 빠졌어!

스마트폰을 안 하려고 참는 게 이렇게나 힘들다니, 도대체 우리 뇌에서 무슨 일이 일어나고 있는 걸까?

어떻게 저항해야 할까?

어린이와 청소년은 유혹을 참는 게 왜 그렇게 힘들까? **안와전두피질이 완전히 발달하지 않았기 때문이야.** 좀 어렵지? 안와전두피질은 뇌의 앞쪽 부분에 있어. **스스로 절제하고, 욕구와 충동을 참는 기능을 담당하는 부위지.** 이런 부위가 발달하지 않았으니 스마트폰 화면 스크롤을 멈추고 다른 걸 하기로 결심하는 게 어려울 수밖에! 이 부위는 즉각적인 만족을 좇도록 우리를 밀어붙이는 보상 회로와도 관련이 있어.

슬롯머신

어른들이 가는 카지노에 슬롯머신이라는 기계가 있어. 동전을 넣고 손잡이를 당기면, 화면에서 작은 그림들이 돌아가다가 멈춰. 이때, 같은 그림들이 한 줄로 배열되면 기계에서 동전이 쏟아져 나와. 이런 행운은 어쩌다가 한 번 찾아와. 하지만 한 번 돈을 딴 사람은 다시 행운을 기대하며 자꾸만 동전을 집어넣지.
SNS **알고리즘**도 이와 비슷해. 먼저 아주 흥미로운 영상을 보여 줘. 그러면 뇌에서 도파민이 분비되고, 우리는 다음번 도파민 분비를 기대하며 화면을 아래로 내려. 알고리즘은 시시한 영상을 몇 개 보여 준 뒤에야 다시 흥미진진한 영상을 보여 줘. 결국 우리는 스크롤을 멈출 수 없게 되지. 이런 현상을 **간헐적 보상 원리**라고 해!

사탕 자동 배급 기계

우리 뇌에는 스마트폰 앱이 **사탕 자동 배급 기계**야. 사탕을 하나 삼키면 기계에서 새 사탕이 나오는데, 어떤 건 정말정말 맛있고, 어떤 건 맛있긴 하지만 약간 부족해. 그럼, 이런 생각이 들 거야. '다음에는 진짜진짜 맛있는 게 나올 거야.' 그래서 또 하나를 삼키게 되고, 결국 배탈이 날 때까지 멈출 수가 없지.

스마트폰을 확인하지 않고는 못 배기는 까닭은?

스마트폰을 사용할 때 보상 회로 말고 다른 회로도 작용해. 우리는 재미를 위해 게임을 하거나 동영상을 시청하지 않을 때도 종종 스마트폰을 확인해. 이렇게 강박적으로 스마트폰을 확인하는 행위는 **마음을 진정시키기 위한 반사 행동** 같은 거야.

뇌과학자들에 따르면, 욕구를 담당하는 신경 회로와 만족을 담당하는 신경 회로가 따로따로 있어. 확인하고 싶은 욕구에 저항하지 못해서 스마트폰을 들게 되지만, 그 메시지를 읽어도 만족감이 생기지 않을 수도 있단 뜻이지.

뇌가 즉각적인 보상에 익숙해지면 안 돼

우리 뇌의 보상 회로는 배우고, 창조하고, 놀거나 상상할 때도 작동해. 하지만 스마트폰 스크롤로 **보상 회로를 심하게 자극하면**, 더 창조적인 다른 활동에 반응하지 않게 돼. 보상 회로 자체는 나쁜 게 아니지만, 뇌가 즉각적인 보상을 계속 요구하는 상태에 익숙해지도록 하는 건 좋지 않아. 왜냐하면 어떤 활동은 뇌가 만족하는 보상이 일어날 때까지 시간이 좀 걸리거든. 악기를 배우거나 책을 읽는 게 바로 그런 활동이지.

생각해 봐!

우리가 피곤할 때, 뇌는 보상 회로에 저항하기 더 힘들어. 다음에 학교에서 돌아와 소파에 눕게 되거든, 스마트폰을 하고 싶은 욕구가 얼마나 세게 밀려오는지 확인해 봐. 바로 그런 때가 보상 회로가 너의 뇌를 노리는 순간이야. 숨을 깊게 쉬고 저항하려고 애써 봐. 스마트폰을 향한 욕망이 바람 빠진 공처럼 쭈그러들고, 자신이 대견스럽게 생각될 거야.

주문 '안' 하신 정보입니다

최근 몇 년 사이에 한 가지 변화가 일어났어. 우리가 찾지도 않은 정보가 스마트폰으로 쉴 새 없이 쏟아져 들어와! 한번 세어 봐. 관심 있는 주제를 스스로 검색한 건 몇 번이야? 또, 스마트폰이 추천하는 바람에 별 관심도 없던 콘텐츠를 본 건 몇 번이니?

바닥이 없는 우물과 '자동 재생'

스마트폰 앱은 대부분 끝없이 콘텐츠를 제공해. 엄지손가락으로 화면을 위로 올리면 계속 새로운 게시물이 나타나. 마치 바닥이 없는 우물 속으로 떨어지는 것 같지. 우리에게는 끝을 보고 싶은 욕구가 있어서 스크롤을 멈추기 힘들어. 뇌과학자들은 이 현상을 '**완결성의 원리**'라고 불러. 우리 뇌에는 끊어진 원을 완성하고, 이야기의 결말을 알고 싶은 욕구가 있단 거지.

이런 욕구 때문에 우리는 드라마 시리즈에 중독되기 쉬워. 한 에피소드가 결말을 알려 주지 않은 채 끝나면, 다음 에피소드 재생 버튼을 누르지 않고는 못 배기지.

그런 데다가 '자동 재생' 기능이 우리가 미처 결정을 내리기도 전에 다음 에피소드를 자동으로 틀어 줘. 스마트폰 앱 개발자들, 참 영악한 사람들이야!

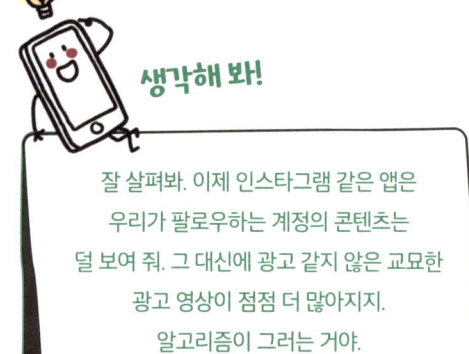

생각해 봐!

잘 살펴봐. 이제 인스타그램 같은 앱은 우리가 팔로우하는 계정의 콘텐츠는 덜 보여 줘. 그 대신에 광고 같지 않은 교묘한 광고 영상이 점점 더 많아지지. 알고리즘이 그러는 거야.

알고리즘이 도대체 뭘까?

앱은 선택에 영향을 주고, **콘텐츠를 추천하여**, 우리가 거기에 최대한 오래 머물도록 설계되었어! 인스타그램 같은 플랫폼 개발자들은 우리 뇌가 어떻게 작동하는지 잘 알아. 그들이 개발한 알고리즘은 컴퓨터 프로그램인데, 우리의 인터넷 검색 기록, 특정 영상을 본 시간, 자주 연락하는 대상 따위를 분석해. 그런 분석을 바탕으로 우리 취향과 관심에 딱 들어맞는 수많은 맞춤형 콘텐츠를 추천하지. 이걸 **필터 버블**이라고 해. 문제는 우리가 좋아하는 모든 것이 담겨 있는 필터 버블에 갇힌다는 거야. 그러다 보면, 우리 의견과 다른 다양한 의견을 접할 기회가 거의 사라져.

우리는 왜 평소 생각하는 대로만 생각할까?

인지 편향이란 말 들어 본 적 있니? 결정을 빨리 내리기 위해 우리 뇌가 사용하는 **단축키**, 그게 인지 편향이야. 뇌가 처리할 정보가 너무 많아서 생긴 거지. 인지 편향은 수백 가지가 있어. 어떤 인지 편향이 있는지 알아 두면, 우리가 어떤 걸 판단하거나 선택할 때, **왜 그렇게 생각하는지** 이해할 수 있어. 또, 다른 사람과 좀 더 열린 태도로 대화하고, 자신과 다른 의견도 잘 수용하게 되지.

이것만은 알아 두자!

50년 전쯤에 과학자들이 **우리 뇌가 인지 편향에 자주 빠진다는** 걸 강조했어. 인지 편향이 우리 선택, 취향, 판단에 영향을 주지만, 우리는 자신이 그런 덫에 빠졌다는 사실을 잘 몰라. 하지만 앱 설계자들은 잘 알고 있지. 우리는 자기 신념을 확인해 주는 정보는 받아들이고, 그렇지 않은 정보는 거부하려는 경향이 있어. 이게 **확증 편향**이야.

많이 공유되어 인기가 있는 콘텐츠는 꼭 찾아서 보는 우리는 **순응 편향**이라는 덫에 걸린 희생자야. 자신에게 이렇게 말하는 거지. "모두가 좋아하는 걸 보면, 틀림없이 훌륭한 콘텐츠일 거야!" 자기가 올린 콘텐츠를 보고 여러 사람이 '좋아요'를 누르면, 다른 사람들이 자기 가치를 인정했다는 기분이 들어. 이건 **사회적 검증 편향** 때문이야. '자기 종족에게 인정받는 것', 즉 주변 사람들한테서 사랑과 인정을 받기 바라는 것은 인간의 기본적인 욕구야.

우리 주의력은 어떻게 작용할까?

스마트폰 알림이 자꾸만 울리면 글을 읽는 데 집중하기 어려워! 우리 주의력은 아주 약해서 사소한 일에도 쉽게 흐트러지거든.

위험을 피하려는 반응

뇌에는 우리가 생각하고 판단 내리기 전에 **감각 기관이 포착한 정보를 미리 처리하는 시스템**이 있어. 이 시스템 덕분에 우리는 차가 경고도 없이 인도로 돌진하는 것 같은 위험을 피할 수 있지. 우리를 보호하기 위해 발달한 이 시스템 때문에 우리 주의력은 쉽게 흐트러져. 이 시스템은 0.5초도 안 되는 시간에 우리가 반응하게 만들거든.

공부 좀 하게 내버려둬!

스마트폰을 책상에 두고 공부하면, 무언가를 외우거나 어려운 문제를 풀기가 훨씬 어려워. 극도로 집중해서 공부에 몰입하지 않는 한, **알림 소리에 주의가 흩어지고 말아**. 스마트폰이 깜박거리기만 해도 결국 거기에 눈을 돌리게 되지. 그걸 무시하자고 결심해도 공부 흐름이 끊어져. 그러고 나서 다시 공부에 집중하려면 시간이 필요해.

강력한 게임의 위력

그러면 왜 스마트폰 게임에 빠져 있을 때는 밥 먹으라고 몇 번이나 불러도 못 들을까? 배에서 꼬르륵 소리가 나는데도 말이야. 게임에 너무 집중한 나머지 뇌가 다른 자극에 반응하지 못하기 때문이야. 그만큼 **게임 메커니즘이 강력해**. 예를 들어, 3분 동안 타워를 최대한 쓰러뜨리겠다는 목표에 주의력을 다 빼앗기는 거지. 여기에 보상 회로까지 작동한다고 생각해 봐. 스마트폰 게임을 하는 동안 도파민이 분비되는 데다가 목표에 집중하면, 배고픔까지 잊게 돼. 게임의 위력이 진짜 강력하지 않아?

오늘의 승자는 바로…

연구자들에 따르면, 두 대상이 있을 때 **우리 뇌는 좀 더 자극적인 것에 끌려**. 끝없이 움직이는 화려한 디지털 콘텐츠와 교과서 중에서 무엇이 보상 회로를 더 자극하겠니? 스마트폰과 역사나 지리 교과서가 붙으면, 당연히 스마트폰이 백전백승이지.

숙제를 빨리 끝내려면

집중해야 이해와 암기가 잘돼. 그래서 숙제를 **빠르고 효율적으로** 하려면 한 번에 한 가지에 집중해야 해. 만일 스마트폰의 유혹과 싸우면서 숙제를 하면, 그 시간이 훨씬 힘들고 고통스럽게 느껴질 거야! 더 피곤하고 화도 날 수 있어. 할 일을 제대로 못 했다는 불쾌한 감정에 사로잡힐 수도 있지.

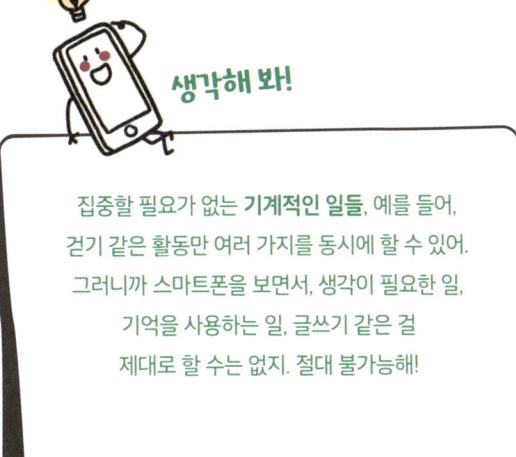

생각해 봐!

집중할 필요가 없는 **기계적인 일들**, 예를 들어, 걷기 같은 활동만 여러 가지를 동시에 할 수 있어. 그러니까 스마트폰을 보면서, 생각이 필요한 일, 기억을 사용하는 일, 글쓰기 같은 걸 제대로 할 수는 없지. 절대 불가능해!

스마트폰이라는 괴물을

스마트폰 화면을 너무 오래 들여다보는 것 같아? 마치 좀비처럼?
스마트폰 사용 시간을 줄이고 새로운 활동을 할 수 있는 방법을 알려 줄게!

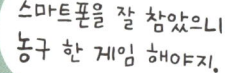
스마트폰을 잘 참았으니 농구 한 게임 해야지.

나에게 당근 주기
평소에 하고 싶었던 걸 정해 놓고, 스마트폰의 유혹을 이겨내는 데 성공하면, 그걸 마음껏 하는 거야.

난 쇼츠를 볼 때 20분마다 알림이 오도록 설정해 놓았어. 알림이 올 때마다 스마트폰을 내려놓고 딴 걸 해.

스크린 타임 제한하기
스마트폰 사용 시간을 측정해 보면, 우리가 느끼는 시간과 실제 사용 시간의 차이를 알 수 있어. 더 강력한 방법은 스마트폰 사용을 제한하는 프로그램을 쓰는 거야.

지루할 땐 '아이디어 상자'로!
작은 종이에 쿠키 굽기, 자전거 수리, 보드게임, 만화 읽기처럼 하고 싶은 걸 하나씩 적어서 '아이디어 상자'에 넣어. 심심할 때 하나를 뽑아서 거기 적힌 걸 하는 거지.

밤 10시부터는 스마트폰과 이별이야.

시간 계획표 짜기
스마트폰 없이 지내는 시간을 꼭 집어넣고, 그대로 지켜 봐.

동네 친구들과 동아리 만들기
자전거 타기, 새 관찰, 보드게임처럼 동네 친구들과 스마트폰 없이 함께 활동할 동아리를 만들어. 독서 동아리를 만들어서 도서관에서 모일 수도 있지.

길들이기 위한 아이디어

취미 활동 신청하기

댄스, 축구, 그림, 악기 연주와 같은 취미 모임에 나가면 스마트폰과 멀어지는 데 도움이 될 거야!

영화는 영화관에서 보기

생일 선물로 영화 관람권을 달라고 해 봐. 재미있는 영화도 보고, 영화를 보는 동안 스마트폰도 쓸 수 없으니 일석이조!

난 공부할 때는 스마트폰을 비행기 모드로 해 놔.

숙제할 땐 언니한테 스마트폰을 맡겨. 그러고 이렇게 부탁해. "내가 달라고 해도 절대 주면 안 돼."

스마트폰과 떨어지기

때때로 아예 스마트폰을 너한테서 떨어뜨려 놔. 가까이 두면 유혹을 이기기 어려워. 예를 들어, 숙제할 때는 필요한 자료를 다 모아 놓은 뒤에 스마트폰은 딴 방에 둬.

가족과 대화하기

차 타고 갈 때, 식사 준비를 할 때마다 부모님과 이야기를 나누자. 그러면 문자 메시지로 보낼 걸 직접 말할 수 있어. 어때, 좋은 생각이지?

도와줄 사람을 찾자

스마트폰 사용 시간을 줄이는 건 힘들어. 가까운 사람한테 도와달라고 부탁해.

뭔가 배우고 발견하자!

크림 파스타 만들기, 새로운 노래를 찾아서 듣기, 식물 돌보기 같은 게 짜릿한 느낌을 주진 않지. 하지만 이런 일을 하면 바쁘게 지내게 되고 뿌듯한 마음이 생길 거야!

나와 어른들.

집에서 스마트폰을 쓰려면 엄청난 눈치 게임을 해야 해.
어떨 땐 격투기처럼 과격한 쟁탈전이 벌어지기도 하지.

그리고 스마트폰

내 말대로 해,
내 행동은 따라하지 말고!

스마트폰에 코 박고 있는 널 보면 부모님은 언제나
펄쩍 뛰어. 그런데 부모님 사정도 크게 다르지 않아.
스마트폰과 거의 물아일체야. 아 어른들이란!

부모님은 자기 모습은 보지 못하나 봐요!

아빠는 동료와 통화하면서 빨래를 개고 있어. 엄마는 스마트폰을 절대 손에서 내려놓는 법이 없지. 심지어 쓰레기통을 비우는 순간에도. 혹시 빈 박스들 속에서 엄마가 스마트폰 찾는 걸 도와준 적 없니?
할아버지는 카카오톡 단체방에 우스운 이야기를 올리려고 온종일 시간을 보내셔. 할머니는 2분에 한 번씩 스마트폰 알림을 받아. 이거 봐. 어른들도 절대 모범이 되지는 못한다고!

어른들을 이해해야 하는 4가지 이유

👉 어른들은 스마트폰을 늦게 만났다

어른들이 어렸을 때는 스마트폰이 없었어. 나이가 들어서야 만났으니 스마트폰이 익숙하지 않을 거야. 할머니에게 스마트폰 앱 알림 설정하는 방법을 가르쳐 주거나, 할아버지에게 인기 있는 동영상을 알려 줘. 아마 대단히 고마워하실걸?

👉 모든 일이 스마트폰을 통해 이루어진다

엄마가 스마트폰을 손에서 놓지 못한다고? 아마 네 학원비를 결제하거나 체험 학습을 신청하고 있을 거야. 지난주에 했던 친구 생일 파티 이야기를 하고 있는데 아빠가 전혀 듣지 않는다고? 너의 치과 진료 예약을 잡거나 학교에 상담 메시지를 보내고 있는 걸 거야. 부모님이 스마트폰을 하고 있을 때는 대부분 너와 관련된 일을 처리하는 중이라는 말이야.

👉 스마트폰 때문에 언제 어디서든 일을 해야 한다

코로나19 팬데믹 이후 재택근무가 많아졌어. 다른 말로 하면 어디서든 일을 할 수 있다는 뜻이야. 덕분에 일과 관련된 연락을 수시로 받는 게 당연해졌어. 엄마가 차 안에서 네 학원 수업이 끝나길 기다리면서, 혼자 말하고 있다면 무얼 하는 중일까? 어쩌면 고객과 통화하는 중일지도 몰라. 아빠가 함께 식사를 하는 중에도 스마트폰을 식탁 위에 두고 있다면 급하게 확인해야 할 이메일이 있을지도 모르지.

👉 어른들도 스마트폰으로부터 자유롭지 않아

엄마가 인플루언서의 SNS를 끊지 못하고, 아빠가 트위터 피드를 계속해서 따라가는 이유가 뭐라고 생각해? 그건 스마트폰이 나만의 취향에 맞는 콘텐츠를 추천해 주기 때문이야. 스마트폰이 잠시나마 일상으로부터 벗어나게 해 주는 거지. 어른들의 뇌는 이미 성숙했지만, 매력적인 스마트폰 콘텐츠는 참기 힘들어.

우리 모두 점점 더 많은 시간을 스마트폰에 쏟고 있어. 다행히, 그게 큰 문제라는 걸 이제는 알게 되었지. 2023년 조사에 따르면 우리나라 10~19세 청소년 가운데 40.1%는 스마트폰 과의존 위험군이야. 스마트폰이 없으면 불안하고 우울한 기분을 느낄 만큼 중독된 거야. 어른들 역시 22.8%가 스마트폰 과의존 위험군이래.

어른들과 함께 스마트폰을 잠시 꺼 두는 노력을 해 봐.

스마트폰을 사 주고 다시 가져가겠다는 변덕스러운 어른들

이미 살펴본 것처럼 어른들은 모순으로 가득 찬 존재야. 그럼 어떻게 해야 할까? 이해하는 수밖에 없지 뭐. 어른의 행동이 늘 훌륭하지는 않더라도, 너를 사랑하고 보호하고 싶어서 그러는 경우가 대부분이거든.

온실 속의 화초

너에게 스마트폰을 처음 사 준 사람은 아마 부모님이겠지? 부모님은 네가 학교에 다니기 시작한 다음부터 네 안전에 대해 걱정했을 거야. 어린이들을 대상으로 한 범죄가 많아지기 때문이지. 그래서 스마트폰을 네 손에 쥐어 줬을 테고.
부모님은 자녀들이 공공장소에서 혼자 놀게 두지 않아. 온실 속의 화초처럼 안전하게 보호하려고 해. 스마트폰으로 말이야.

스마트폰 세상에서 일어나는 온라인 괴롭힘

많은 부모님이 자녀에게 스마트폰을 사 주는 이유는 다른 아이들도 다 있기 때문이야. 우리 아이만 스마트폰이 없어서 소외되고 괴롭힘을 당하지는 않을까 두려운 거지.
하지만 스마트폰으로 하는 SNS에서도 괴롭힘이 일어나. 이런 걸 **온라인 괴롭힘**이라고 해.
14세 미만 어린이는 혼자서 SNS에 가입하지 못해. 부모님이 허락해야 가입할 수 있어. 그런데도 스마트폰이 있는 대부분의 어린이는 SNS에 가입되어 있고, 그 안에서 여러 온라인 괴롭힘이 일어나. 그게 걱정돼서 다시 스마트폰을 가져가겠다는 부모님도 있어.

초상권을 지켜 주세요!

부모님은 너를 무척 사랑하고 대견해하셔. 네가 어버이날에 드린 선물, 유치원 연극 때 분장한 사진, 학교 입학식 때 찍은 사진과 동영상을 온라인에서 공유하고 있지. 온라인상에서 보호하겠다면서 자녀 사진을 다른 사람과 공유한다는 게 말이 된다고 생각해?
너에게도 초상권이 있어. 어느 누구도 너의 허락 없이 사진을 올리면 안 돼. 어릴 땐 초상권을 몰랐지만 이젠 알았으니, 지금이라도 부모님께 초상권을 지켜 달라고 요구해. 머리에 팬티를 뒤집어 쓴 3살 때 내 모습은 나만 보고 싶다고 말이야.

내 스마트폰을 관리하는 부모님

프랑스에서는 부모의 절반 이상이 자녀 스마트폰을 관리하는 프로그램을 설치한대. 우리나라도 크게 다르지 않지. 하지만 안타깝게도 이런 소프트웨어 프로그램을 완벽하게 지우거나 비밀 계정을 만드는 자녀도 있어.
너도 그러고 싶다고? 위험하니까 다시 생각해 봐. 온라인상에서 벌어지는 온갖 일을 얼마든지 혼자 감당할 수 있을 거 같아? 그건 어른들한테도 쉽지 않은 일이야. 부모님이 널 너무 어리게 보는 것 같다고? 인정하기 싫겠지만 사실이잖아. 부모님과 잘 상의해서 관리할 선을 정하는게 좋아.

친구들의 이야기

시나, 16세
스마트폰이 없는 유일한 아이
부모님과 스마트폰 때문에 거의 전쟁을 하다시피 했어. 올 여름이 되어서야 스마트폰이 하나 생겼지. 고등학교에 입학하기 직전에. 새 스마트폰이 생기기 전에는 통화만 되는 엄마의 구형 핸드폰을 썼어. 진짜 스마트폰이 없는 건 나 혼자뿐이었다고!

카퀴신, 13세
내 스마트폰은 내 마음대로!
스마트폰을 쓸 때 별다른 제한이 없어. 내 일정표에 따라 스스로 관리하지. 수업 시간에는 스마트폰을 보지 않고, 평일에는 거의 안 해. 대신 주말에 많이 해. 그래서 부모님과 스마트폰 때문에 싸울 일이 거의 없어.

테스, 13세
이제 받아들인 상태야
나는 부모님이 안 된다고 해서 스마트폰이 없어. 우리 반에서 폴더 폰을 쓰는 애는 서너 명이야. 요즘은 내가 폴더 폰을 쓸 때마다 애들이 그게 뭐냐고 놀려서 불편해. 아무리 그래도 부모님이 스마트폰을 사 주지 않으니 지금은 그냥 받아들이는 중이야.

스마트폰 사용 습관을 부모님과 의논해 볼까?

부모님에게 스마트폰을 바르게 쓰기 위한 계약서를 작성하자고 하자. 토론을 하면서 의견을 맞출 수도 있지만, 큰 틀을 정하는 건 부모님께 맡겨. 아무래도 부모님이 이 문제에 대해서는 더 현명할 테니까.

함께 노력하면 극복할 수 있다!

오른쪽에 **스마트폰 사용 계약서**가 있어. 이건 예를 든 거니까 가족과 함께 지킬 규칙을 정해 봐. 스마트폰을 꺼 두는 시간을 정하거나 스마트폰 대신 가족이 함께할 일을 정해서 해 보는 거지. 스마트폰 사용을 금지하는 장소를 정하는 것도 좋아. 예를 들면 식탁에는 스마트폰을 들고 오지 않는다거나 화장실에도 가져가지 않기로 약속하는 거야. 오른쪽 예시 계약서를 보고 우리 가족에게 맞는 계약서를 만들어 보자.

전문가의 조언

프랑스 심리학자 나데주 라르셰르에 따르면, 지킬 수 있는 범위에서 계약서를 만드는 것이 중요하다고 해. 계약서를 어떻게 써야 하는지 들어볼까?

"부모님은 스마트폰과 관련해서 여러 걱정을 하는데, 걱정이 커질수록 과민하게 반응할 수 있어요. 과민 반응을 피하려면 여러분이 스마트폰을 안전하게 쓰고 있다는 사실을 확인시켜 줘야 해요. 스마트폰 비밀번호를 부모님과 공유하고, 시간 제한을 지키는 거죠. 서로 '윈-윈'할 수 있는 규칙이에요. 약속을 지키면 부모님도 자유롭게 스마트폰을 쓸 수 있게 허락해 줄 거예요. 게임이나 SNS는 시간이 지나면 얼마든지 마음껏 할 수 있어요. 시간이 흐를수록 여러분에게 허용되는 게 많아질 테니 그때까지 부모님의 의견을 따라 주세요."

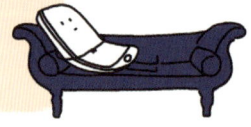

우리 가족의 스마트폰 사용 계약서

1. 우리는 하루에 한 번 스마트폰을 꺼 두는 시간을 갖기로 약속합니다.
   스마트폰을 꺼 두는 시간은 _____시부터 _____시까지 입니다.

2. 우리는 스마트폰을 꺼 두는 시간에 다음과 같은 활동을 함께하기로 약속합니다.
   (가족 전체가 함께할 수 있는 보드게임, 영화 보기, 책이나 만화책 보기, 운동하기 등)

   ----

3. 다음과 같은 경우에는 절대 스마트폰을 보지 않습니다.
   (식탁에서 밥을 먹을 때, 부모와 단둘이 진지한 이야기를 할 때 등)

   ----

4. 우리는 매주 ____요일마다 각자의 스크린 타임을 확인하는 시간을 갖습니다.
   서로 얼마나 늘었는지 줄었는지 체크하면서 점차 스마트폰 사용 시간을 줄이기로 약속합니다.

5. OOO이 써도 되는 앱과 사용 시간은 다음과 같습니다.

앱 이름: _____

사용 시간: _____시부터 _____시까지

6. OOO는 충격적이거나 불편하게 하는 모든 문자, 동영상, 사진을 부모님께 알릴 것을 약속합니다.
   부모님은 함께 정한 규칙을 반드시 지키고, 스마트폰 때문에 생기는 어려움을 함께 극복할 것을 약속합니다.

날짜:

자녀 서명: 부모님 서명:

이게 다 스마트폰 때문이야!
스마트폰으로 인한

스마트폰을 자유롭게 쓰고 싶은 너와 그렇게는 절대 안 된다는 부모님의 의견이 팽팽하지? 모두 중간 지점에서 타협하기를 원하지만 안타깝게도 네가 원하는 대로 될 가능성은 희박해. 지금 어떤 상태인지 진단해 볼까?

학교를 마치고 집에 도착했을 때

@ "다녀왔습니다."라는 인사도 안 하고 스마트폰만 보면서 들어온다. 이 모습을 지켜보는 부모님은 언제라도 너와 한판 붙을 준비가 되어 있다.

\# 네가 과자를 먹으며 틱톡을 보는데, 재택근무를 하던 엄마가 진짜 재미있는 쇼츠를 발견했다며 너에게 보여 준다.

✱ 스마트폰을 들고 조용히 화장실 안에 틀어박혀 있다. 아무도 너를 찾으러 오지 않는다.

주말에 시골 여행을 가는데, 거긴 인터넷 연결이 안 된다면?

✱ 스마트폰에 드라마와 동영상을 다운로드 받은 다음 꽁꽁 숨겨서 가져간다.

\# 주말 내내 자연에 푹 빠져서 즐겁게 보낸다. 부모님과 시골 여행의 즐거움을 발견한다.

@ 방문을 걸어 잠그고 시골로 떠나는 차에 타지 않겠다고 고집을 부린다.

가족이 공유하는 OTT 서비스에 가입했다면?

@ 방에 몇 시간 동안 틀어박혀서 새로운 콘텐츠를 보고 있다. 그러는 동안 부모님은 네 방문을 계속 두드린다.

✱ 스마트폰에 OTT 앱을 깐 후로 영어 점수가 얼마나 올라갔는지 엄마에게 보여 준다. 엄마는 마지못해 OTT 앱을 그냥 두기로 한다.

\# 온 가족이 함께 영화 보는 시간을 정하고, 무엇을 먼저 볼지 순서를 정한다.

부모님과의 전쟁

부모님이 소파에서 잠들었다면?

✻ 빨리 방으로 달려가 드라마 두 시즌을 연속으로 감상한다.

@ 당장 부모님의 스마트폰을 숨긴다. 스마트폰이 없는 시간을 부모님이 얼마나 잘 견딜지 웃음을 참으며 지켜본다.

부모님과 함께 너도 잠이 들었다. 펭귄이 나오는 다큐멘터리를 보면서 졸지 않을 사람은 아무도 없기 때문이다.

어마어마하게 신박한 앱을 발견하면?

엄마가 먼저 그 앱을 너에게 소개한다. 엄마는 네 마음에 들 거라고 확신한다.

@ 부모님은 스마트폰에서 그 앱을 지우라고 한다. 기분이 상한 너는 저녁 식사 할 때까지 방 안에 콕 박혀 있다.

✻ 이 앱이 너의 성적을 어떻게 올릴지, 네 삶을 어떻게 바꿀 것인지 논리적으로 정리해서 부모님에게 설명한다.

✻을 가장 많이 선택했다면

부모님과 직접 부딪치지는 않아. 너는 스마트폰이 얼마나 필요한지 부모님을 설득하고, 부모님은 잔소리를 하겠지. 잔소리 속에서 네가 살아남는 방법은 몰래 숨어서 하는 것뿐이야.

#을 가장 많이 선택했다면

서로 완전히 돌아서거나 격렬한 싸움도 일어나지 않는 평화로운 상태. 스마트폰을 하든 하지 않든 갈등이 없는 상태야. 부모님과 너는 통하는 부분이 꽤 많은 사이야. 이 상태가 잘 지속되기를 바랄게.

@을 가장 많이 선택했다면

너와 부모님 모두 스마트폰 때문에 부글부글 끓어오르고 있네. 의사소통이 어려운 단계구나. 시도 때도 없이 싸울 준비가 된 상태야. 만나기만 하면 잔소리 폭격이겠구나. 이를 어쩐다.

스마트폰이 나를

스마트폰 덕분에 즐거운 일을 경험할 수 있지만, 동시에 엄청난 문제들의 원인이 스마트폰이라는 걸 잘 알 거야. 스마트폰을 둘러싼 문제에 대해 얼마나 알고 있는지 확인해 보자.

프랑스인 10명 중 9명은 이미 사이버 범죄의 피해를 입은 적이 있다.

☐ 참 ☐ 거짓

스마트폰 때문에 청소년 수면 시간이 점점 줄어든다.

☐ 참 ☐ 거짓

나를 찍은 사진의 소유권은 나에게 있다.

☐ 참 ☐ 거짓

타인의 합성된 사진을 게시하는 것은 괴롭힘이 될 수 있다.

☐ 참 ☐ 거짓

힘들게 할 때

프랑스 청소년 7명 중 1명이 불행하다고 느낀다.

☐ 참 ☐ 거짓

우리나라 청소년 10명 중 6명이 인터넷과 SNS에서 폭력적이고 충격을 주는 유해 콘텐츠를 본 적이 있다.

☐ 참 ☐ 거짓

지금부터 답을 찾아보세요.

스마트폰 1 : 0 잠

스마트폰은 건강을 해치기도 해. 스마트폰을 하다가 잠을 못 자거나 운동을 하지 못하는 경우가 많아.

우리의 잠을 갉아먹는 스마트폰

어린이와 어른 모두 과거에 비해 수면 시간이 줄었어. 청소년 권장 수면 시간이 8~10시간인데, 우리나라 청소년의 평균 수면 시간은 7시간 18분이야. 프랑스 청소년 10명 중 3명이 스마트폰을 하느라고 밤에 깨어 있거나 자다가 깨기도 한대. 어린이는 **10명 중 4명이** 제대로 잠들지 못하는 **수면 장애를** 겪고 있지.

대부분 스마트폰이 원인이야. 만약 자기 전에 충격적이거나 슬픈 영상을 본다면 쉽게 잠들 수 있을까? 침대에서 스마트폰을 보는 건 흥분 상태를 유지하고, 감정을 가라앉히는 데 방해가 돼. 그러니 잠들기 직전에 스마트폰을 보면 깊은 잠을 자기 어려워.

블루라이트 때문이라고?

스마트폰 화면에서 나오는 블루라이트는 한낮의 자연광에 가까운 빛이야. 이 빛을 쏘이면, 우리 뇌가 바짝 정신을 차려. 책을 읽고 나면 잠이 오지만, 카카오톡으로 친구와 대화를 나눈 다음에는 잠들기가 훨씬 어려운 이유가 바로 블루라이트 때문이야.

엄지손가락 근육만 키울래?

스마트폰을 하면서 네 엄지손가락 근육 힘이 엄청 세지지 않았니? 엄지손가락 근육을 키워서 어디에 쓸 수 있을까?

예를 들어 보자. 테니스 시합에서 엄지손가락 근육이 무슨 소용이 있을까? 1분 뒤에 도착하는 학교 버스를 따라잡는 데 도움이 될까?

의사들에 따르면, 청소년은 건강을 지키고 비만을 막기 위해, 적절한 강도의 신체 활동을 적어도 **하루에 60분**은 해야 해. 학교를 걸어서 다니거나, 자전거를 타거나 진짜 운동을 하는 시간 말이지.

안타깝게도 프랑스 13세 남자아이의 14%, 여자아이의 7%만 이 권고를 따르고 있어. 너는 어떤 쪽이니? 적절한 신체 활동을 하는 쪽이야, 아니면 소파에 누워서 스마트폰을 하는 쪽이야?

생각해 봐!

수면 전문가들은 적어도 잠자리에 들기 1시간 30분 전에는 스마트폰을 끄라고 권해. 잠잘 시간이 되면 스마트폰을 책상에 두고 침대로 가서 누워 잠시 마음을 진정시키는 시간을 갖는 게 좋아. 푹 잠드는 게 건강에 정말 중요하거든.

도와주세요! 두통이 심해요!

스마트폰을 너무 많이 사용해서 두통이 생겼다면, 너의 머리에 안 좋은 일이 벌어지고 있을지도 몰라. 정신 건강의 문제일 수도 있고.

아, 책 반납일이 벌써 한 달이나 지났다고요? 네, 가기는 할 텐데….

너의 건강은 괜찮니?

프랑스 청소년 7명 중 1명이 불행하다고 느낀대. 이러한 상황은 코로나19 팬데믹으로 더욱 악화되었지. 학교와 친구들로부터 떨어져 지낸 시간 때문에 불안정한 감정을 느끼게 된 거야. 스마트폰이 이런 감정 문제의 주된 원인은 아니지만 **어느 정도 관계는 있어.** 자기 방에서 스마트폰에 몇 시간씩 파묻혀 지내는 게 스스로를 고립시켜서 점점 더 비관적으로 만들거든.

놀라운 사실!

일본에는 세상과 단절된 채 자기 방에 틀어박혀 사는 젊은이들이 있는데, 몇 달 동안 혹은 심지어 몇 년 동안 그 얼굴을 보지 못하는 경우도 있어. 이들을 **히키코모리**라고 불러.

SNS 회사에 날아든 고소장

미국의 공립학교 관계자들은 2023년 초, 여러 SNS 회사를 상대로 고소장을 제출했어.
SNS가 미성년자의 정신 건강을 해친다는 이유였어.
거식증이나 폭식증, 자살, 자해 등을 유발하는 콘텐츠를 많이 보여 준다는 거지.

챌린지 = 위험

어떤 앱은 우울증과 자살을 유발한다는 이유로 고소를 당하기도 했어. 한때 틱톡에서 '라벨로 챌린지'가 유행했어. 라벨로라는 회사에서 만든 립밤인 챕스틱을 바르는 챌린지였는데, 처음에는 향기로 어떤 립밤을 발랐는지 맞히는 챌린지였어. 이게 슬플 때마다 립밤을 바르는 영상을 틱톡에 올리는 챌린지로 바뀌었고, 나중에는 립밤을 다 쓰면 자살해야 한다고 암시하는 영상까지 등장했지.
다행스럽게도 이 챌린지는 영상 그대로 해석되지 않아서 희생자가 나오지는 않았어. 하지만 대단히 위험했어.

누구의 책임일까?

전 세계적으로 학습 장애, 언어 장애, 지적 장애를 겪는 어린이들이 많아지고 있어. 일부 과학자들은 스마트폰을 이 현상의 원인으로 꼽아. 다른 한쪽에서는 이런 장애를 진단하는 방법이 발달했기 때문이라고 주장해. 거기다가 과거에는 부모들이 아이의 문제를 감추고 원인을 찾는 데도 관심이 없었지만 요즘에는 적극적으로 문제를 해결하려고 해서 더 많이 드러난다는 거야.

분명한 과학적 증거가 나올 때까지 지켜보자는 사람들도 있어. 다만 영유아기 아이들은 뇌가 계속 발달하고 있으니 **일단은 스마트폰을 금지하는** 게 더 좋다면서 말이야.

정신 건강이란 무엇일까?

건강한 신체에 건강한 정신
정신이 건강하면, 마음이 편하고 자기를 긍정적으로 여기게 돼. 사춘기에는 정신을 건강하게 유지하는 게 쉽지 않아.
스마트폰 사용이 이 문제를 키우거나 없던 문제를 만들어 낼 수도 있어.

도와주세요!
스마트폰 없이 지내는 게 불가능할 때, 스마트폰 앱에 들어가 원치 않게 계속 스크롤을 하다가 기분이 이상해질 때, 사이버 폭력이나 괴롭힘의 피해자가 되었을 때는 어른들에게 도움을 요청해야 해. 부모님이나 담임 선생님, 학교 보건 선생님이나 상담 선생님께 도와달라고 말해.

SOS 상담 전화
청소년을 위한 상담 전화번호를 알고 있니? **청소년 사이버상담센터**는 9~24세 청소년과 부모에게 여러 심리 문제를 전화로 상담해 줘. 1388로 전화하면 365일, 24시간 언제나 상담받을 수 있어. 디지털 성범죄는 **탁틴내일**에서 상담받을 수 있어. 평일 오전 9시부터 오후 6시까지 **02-3141-6191**로 전화하면 돼.
전화가 어려우면 카카오톡으로도 상담이 가능해. 카카오톡 오픈채팅에서 '도담별'을 검색해 봐.

스마트폰: 온라인 괴롭힘의 무대가 되다

누군가를 괴롭힌다는 게 뭘까? 사전에는 '몸이나 마음이 편하지 않고 고통스럽게 하다.'라고 나와. 상대방이 거부하는데도 계속 정신적 육체적인 고통을 주면서 괴롭히는 건 명백한 범죄 행위야.

괴롭힘은 어디서든 일어날 수 있어

학교 폭력이라는 말을 들어본 적 있을 거야. 학교 안팎에서 학생들 사이에 일어나는 괴롭힘을 말해. 하지만 괴롭힘은 어디에서나 일어날 수 있어. 직장이나 부부 사이, 스포츠 동아리에서도 일어날 수 있지.

그 결과가 끔찍할 수 있지

괴롭힘은 가볍게 여길 일이 아니야. 어떤 경우든 괴롭힘 때문에 고통을 당하는 사람이 생기지. 가끔은 피해자를 자살로 몰아가는 경우도 있어. 물리적 폭력이 희생자를 죽음으로 몰아넣기도 해. 학교에서도 그런 일이 벌어졌다는 뉴스를 들은 적이 있을 거야.

놀라운 사실!

프랑스에서는 해마다 10명에 1명꼴로 학교 폭력 피해자가 발생해. 우리나라는 50명 중 1명 꼴로 나타나지만, 피해자 연령이 점점 어려지고 있어서 문제야.

더 늘어나는 폭력

괴롭힘은 언제 어디서나 존재했어. 가해자는 방관자가 지켜보는 앞에서 피해자를 괴롭혔지. 요즘에는 온라인에서도 폭력이 일어나. SNS, 온라인 게임, 문자 메시지 등을 통해서 피해자를 괴롭히지. 온라인에서 벌어지는 괴롭힘까지 더해져서 폭력이 더 많이 일어나고 있어.

괴롭힘은 스마트폰 때문일까?

스마트폰이 괴롭힘의 도구가 되기도 해. SNS나 단톡방에서 괴롭힘이 발생하기고 하고, 학교에서 벌어진 괴롭힘이 스마트폰을 통해 온라인으로 번지기도 하지. 이 문제를 해결하기는 쉽지 않아. 온라인 괴롭힘의 피해자가 스마트폰 속 세계에서 홀로 싸워야 하기 때문이야. 그게 낮이든 밤이든 시도 때도 없이 말이야.

눈덩이 효과

SNS에서 누군가를 조롱하거나 놀리는 콘텐츠는 순식간에 퍼져 나가. 아무 관계가 없는 사람들까지 보게 되지.
온라인 괴롭힘의 피해자는 자신을 괴롭히는 상대가 누구인지 몰라. 가해자가 다른 스마트폰 번호를 사용하거나, 가짜 프로필을 만들어서 꽁꽁 숨어 버리기 때문이야. 어떤 경우는 가해자가 여러 사람이라서 정체를 정확하게 알기 어려워. 게다가 **온라인 괴롭힘은 눈덩이 효과가 있어.** 어떤 사람이 악의적인 댓글을 달면, 수십 명이 동일한 댓글을 달고 여기저기 퍼 나르기 때문에 금세 눈덩이처럼 불어나.

생각해 봐!

온라인 괴롭힘을 경찰에 신고하면 가해자를 찾아내는 게 가능해. 온라인 플랫폼 회사가 경찰 수사관에게 범죄 관련 정보를 제출하도록 법으로 정했기 때문이야.

스마트폰을 추방하자!

2018년에 프랑스 초등학교와 중학교에서 **스마트폰 사용이 금지**되었어. 스마트폰이 단체 생활에 악영향을 미치고, 학생들의 집중력을 망가트리며, 온라인 괴롭힘을 증가시킨다는 이유였어.

다양한 디지털 폭력

실제 생활과 마찬가지로 디지털 세계에서도 폭력 사건이 엄청나게 늘어나고 있어. 특히, 온라인상에서 어떤 사람이나 단체에게 반복적이고 집단적으로 폭력을 쓰는 온라인 괴롭힘이 늘어나고 있지.

빈정거리는 말이나 욕설을 인터넷에 올리는 행위

어떤 사람이나 단체, 혹은 어떤 계정에 대해 비하하거나 수치심을 주는 댓글을 다는 것도 폭력이야. 학교나 직장에서 한 사람한테 집단적으로 디지털 폭력을 행사하는 걸 **사이버불링**이라고 해.

합성 사진을 유포하는 것

어떤 사람을 놀리기 위해 그 사람의 신체에 동물의 신체나 다른 사람의 신체를 합성한 사진을 만들어 올리는 것도 범죄야. 동영상을 변조하기도 하는데 이를 **딥페이크**라고 불러.

폭행 동영상을 촬영해 유포하는 것

이유 없이 서로 때리는 동영상을 촬영해서 올리는 것도 폭력이야. 영어로 '해피 슬래핑(happy slapping, 행복한 때리기)'이라고 하는데, 진짜 행복과는 전혀 상관이 없어.

놀라운 사실!

프랑스인 10명 중 9명이 이미 온라인상에서 악의적인 피해를 입은 적이 있어. 우리나라 학교 폭력 피해자의 98%가 온라인 괴롭힘을 당했다고 해.

남의 사적 정보를 인터넷에 퍼뜨리는 행위

어떤 사람에게 해를 끼치려고 그 사람의 이름, 주소, 전화번호 등 개인 정보를 인터넷에 퍼뜨리는 건 분명한 범죄야.

남의 계정과 아이디를 빼앗아서 사용하는 것

온라인에 사진이나 글, 동영상을 올릴 때에 다른 사람의 이름이나 계정을 쓰면 안 돼. 다른 사람의 계정과 아이디로 돈까지 빼앗는다면 명백한 범죄야. 해커들은 이렇게 범죄에 이용되는 계정을 빼앗으려고 온라인에서 자동으로 작동하는 프로그램을 만들기도 하는데, 그걸 '봇(bot)'이라고 해.

온라인 피싱

요즘 많이 일어나는 온라인 범죄야. 스마트폰 연락처에 있는 번호를 가로채서 마치 아는 사람인 척 속인 다음, 돈을 보내라고 요청하는 거지.

개인 정보 유출

이 범죄는 주민 번호, 주소, 전화번호, 계좌 번호 등 타인의 개인 정보를 범죄 집단에 넘기는 걸 말해. 대부분 개인 정보를 넘기는 대가로 돈을 받아.

생각해 봐!

온라인 범죄자들이 보내는 메시지는 은행, 우체국, 학교에서 발송되거나 아는 사람이 보낸 것처럼 꾸민 거야. 문자 메시지에 있는 링크를 함부로 클릭하면 절대 안 돼!

무서운 사진

스마트폰으로 메시지를 확인하거나 앱에 들어갔는데, 세상에나, 절대 보서는 안 되는 사진과 마주쳤어. 안타깝게도 이런 사진은 네 머릿속에서 지워지지 않아. 맙소사!

조심해, 네 눈앞에 뜨는 것들을

성적인 이미지들은 전혀 원하지 않는데도 갑자기 스마트폰 화면에 뜨기도 해. 더 끔찍한 건 어른들이 미성년자의 성적인 사진까지 퍼뜨린다는 사실이야. 어른들이 음란물을 공유하는 사이트를 부지런히 고발하고, 경찰이 나서서 폐쇄해도 자꾸 생기지. 온라인 성폭력은 안타깝게도 굉장히 자주 일어나. **특히 여성을 대상으로** 많이 일어나지. 여성들이 남자 친구나 주변 사람들로부터 은밀한 셀카를 보내 달라는 요구를 남성들보다 훨씬 많이 받아. 온라인 성범죄는 다른 범죄보다 피해자에게 큰 트라우마를 남기기 때문에 더 위험해.

온라인 성폭력이란

☞ **성적인 메시지 보내기**

☞ **성적인 사진과 동영상 유포:** 상대방이 원하지 않는 성적인 사진이나 동영상을 찍거나, 온라인에 퍼뜨리는 것

☞ **협박:** 어떤 대가를 얻어 내기 위해 사적인 사진을 유포하겠다고 협박하는 것

☞ **리벤지 포르노:** 누군가의 사적인 사진이나 영상을 유포해서 복수하는 것. 보통 이별 후에 이런 범죄를 저지른다.

☞ **불법 사이트 운영:** 불법적인 방법으로 촬영한 성적인 사진이나 동영상을 유포하는 계정, 사이트를 만드는 것

모르는 사람에게 말을 걸지 마!

SNS에는 아동 성추행범들이 어린이와 친구 관계를 맺어서 은밀한 사진을 얻으려고 눈에 불을 켜고 돌아다녀. 조심해, 이런 범죄자들은 어린이나 청소년인 척 **가짜 프로필을 달고 접근하니까!**

공포감을 주는 사진

참수형, 전쟁, 재난, 추악한 뉴스나 성적인 사진 등 어린이가 보면 극심한 공포를 느낄 영상물이 온라인에 아주 많아. 보는 즉시 부모님이나 선생님께 알려야 해.

놀라운 사실!
우리나라 청소년 10명 중 6명이 인터넷과 SNS에서 폭력적이고 충격을 주는 유해 콘텐츠를 본 적이 있어.

친구들의 이야기

토마, 16세
잔상이 남아
우연히 텔레그램으로 무척 충격적인 영상을 보게 되었어. 보는 동안에도 놀랐지만, 문제는 그 후에도 이미지들이 머리를 떠나지 않는다는 거야.

탈리아, 16세
폭력적인 사건
사람들이 많이 올리는 뉴스 피드를 볼 때면 폭력적인 콘텐츠를 마주치게 돼. 3년 전에 보지 않았으면 좋았을 사건을 봤어. 미국에서 경찰관들이 조지 플로이드라는 사람을 죽이는 장면이었어.

카퓌신, 13세 반
강제로 본 이미지들
5학년 때 우리 반에 문제가 있었어. 어떤 남자애가 성적인 사진을 친구들한테 계속 보냈거든. 원하지 않는데 계속 보내니까 아주 엄청난 공격을 받는 느낌이었어. 자동차 팬 사이트 같은 데를 클릭했다가, 이런 사진들이 끈질기게 화면에 떠서 무서웠던 적이 있는데 그때와 비슷했지.

마이샤, 13세
부담스러운 댄스
내가 틱톡에서 좋아하는 건 웃긴 동영상들이야. 그런 영상을 보다가 갑자기 반쯤 벗은 채로 이상한 춤을 추는 사람의 영상을 보기도 해. 보기 싫어서 빨리 넘기지만 시간이 지나면 또 나와.

전문가의 조언

여러분 자신에게 관심을 가져요

인터넷 폭력이나 온라인 괴롭힘 같은 범죄는 어떻게 대처해야 할까? 프랑스 디지털 범죄 전문가 아르노 게이샹의 말을 들어 보자.

비밀번호는 어렵게 설정해요

@, &, ! 또는 ? 같은 특수 문자와 대문자를 활용해서 비밀번호를 복잡하게 만들어요. 만일 계정이 여러 개라면, 각각의 비밀번호를 다르게 사용하세요. 비밀번호는 반드시 여러분만 알고 있어야 해요. 그리고 비밀번호를 바꾸려면 여러 단계 인증을 거치도록 설정해 두는 게 좋아요.

올려도 괜찮을지 질문해 보세요

여러분을 찍은 사진을 누군가에게 보내거나 인터넷에 올리기 전, 항상 스스로에게 물어보세요. 1시간 뒤에, 하루 뒤에, 1년 뒤에, 10년 뒤에도 이 사진이 인터넷에 남아 있어도 괜찮은지 말이에요.
인터넷은 거의 영구적이에요. 사진이 한번 인터넷에 올라가고 나면 완벽하게 지우긴 힘들다고 봐야 하죠.

생각해 봐!

스마트폰 때문에 힘들다면 청소년 사이버상담센터 1388로 전화해. 365일 24시간 언제나 상담 받을 수 있어.

증거를 보관하세요

혐오감을 주거나 폭력적이고 충격을 주는 콘텐츠를 SNS에서 보면 빨리 스크린을 캡쳐해 두세요. 그런 다음 바로 SNS 회사에 신고하세요. 스크린을 캡쳐해야 증거로 쓸 수 있어요.

경보 발령!

만일 여러분 계정이 해킹당하면 즉시 SNS 회사에 이 사실을 알리세요. 그리고 계정을 정지해 해킹범이 접근하지 못하게 하세요. 이렇게 해야 이 상황을 수습할 수 있어요.

자신을 보호하세요

마음에 들지 않는 계정을 차단해 본 적 있나요? 계정뿐 아니라 **SNS에 달린 댓글들도 피드에서 안 보이게 설정할 수 있어요.** 댓글로부터 자신을 보호하세요.

친구들의 이야기

릴리아, 13세
실제 상황은 아니지만
텔레그램에서 목을 자르는 참수 영상을 봤어. 그것 때문에 악몽을 꾸진 않았어. 그건 SNS에 나온 거니까. 진짜로 그런 상황을 목격했다는 느낌이 들지는 않았어. 이제는 그런 자극적인 영상에 익숙해지는 기분이야. 지난주에는 거의 수업을 듣지 않았어. 대신 틱톡에서 24시간을 보냈지. 너무 많은 영상을 봐서 뭘 봤는지 기억도 안 나.

켄자, 14세
중국의 좀비들
틱톡에서 중국 좀비 영상을 봤어. 진짜 끔찍했지! 문제는 다른 애들이 이런 이상한 콘텐츠를 자꾸 보내서 우연히라도 보게 된다는 거야.

엠마, 16세
계정을 해킹당할 뻔했어
한번은 이런 메시지와 함께 링크를 받았어. "너의 누드 사진이 여기 있다. 유포되는 걸 원치 않으면 링크를 클릭하라." 나는 속으로 생각했지. '어떡해. 우리 집 앞을 지나가는 사람이 그 사진을 찍었나 봐. 무서워 죽겠어.' 그렇지만 곧 내 스마트폰을 해킹하려는 범죄자들이 보낸 메시지라는 걸 알았어. 다행히 내 계정은 아직 괜찮아. 당연히 누드 사진도 없지.

이건 절대 안 돼!

증오를 표현하거나 사람을 차별하는 댓글은 절대 안 돼. 익명으로 하는 건 괜찮다고 믿는 사람들이 있어. 하지만 조심해야 해. 범죄를 저지르면 어떻게든 밝혀지게 되어 있어.

이걸 지우는 게 가능할까?

법이 정한 것들

온라인 괴롭힘은 법으로 금지된 범죄 행위야. 온라인상에서 누군가를 괴롭히면 처벌을 받지. 프랑스에서는 15세 이하의 미성년자에게 온라인 범죄를 저지르면, 징역 3년 그리고 4만 5,000유로의 벌금형을 받을 수 있어. 4만 5,000유로는 우리나라 돈으로 6,500만 원쯤 돼.
2022년 3월부터 학교 내 괴롭힘도 범죄로 처벌받아. 피해자가 자살을 하거나 자살을 시도한 경우에는 징역 10년, 벌금 15만 유로, 약 2억 1,700만 원을 내야 해. 괴롭히는 데 쓰인 스마트폰과 컴퓨터는 압수당하지.

차별

어떤 사람의 신체나 출신지, 약점 등을 조롱하거나 그걸 이유로 해를 끼치는 것은 차별이야. 전 세계 거의 모든 나라에서 **차별은 금지**되어 있어. 누구나 평등하니까 당연히 그래야지. 만일 자신이 온라인 차별을 당했다고 판단하면 고소할 권리가 있어.

사이버 성차별

능력과 상관없이 성별에 따라 다르게 대우하는 걸 **성차별**이라고 해. 여성이 주로 차별을 당해. 특히 온라인상에서 여성의 외모나 옷 입는 방식, 지적 능력에 대해 무례한 댓글을 다는 일이 많지.
남성은 취향 때문에 성차별을 받기도 해. 여성스러운 게시물을 올렸다간 남자답지 못하다고 비난하는 댓글 폭탄을 받을 수도 있지.
남성이든 여성이든 연애 관계나 성정체성 때문에 공격을 받을 수 있어. 동성과 있는 걸 더 좋아하는지 아닌지에 따라 비난받는 거야.

내 개인 정보를 건드리지 마!

우리나라는 **개인정보보호법**으로 소중한 개인 정보를 보호해. 이 법에 따르면, 기업은 꼭 필요한 정보만 최소한으로 수집해야 해. 또, 14세 미만 어린이의 정보를 수집하고 싶을 때는 부모님이나 보호자의 허락을 반드시 받아야 해. 이렇게 수집한 정보가 외부로 빠져나가지 않도록 안전하게 보관하는 것도 기업의 의무야.

놀라운 사실!

프랑스 여성 청소년 8명 중 1명이 성적인 행동이나 연애에 대해 뜬소문의 대상이 되었고, 그 소문 때문에 안 좋은 평판을 받은 경험이 있어. 반면 남성은 15명 중 1명꼴로 그 비율이 낮았어.

누가 질서를 유지하지?

인터넷에서 다른 사람에게 해를 끼치지 않으면서 표현의 자유를 누릴 수 있는 방법이 있을까? 인터넷을 돌아다니는 여러 콘텐츠를 어떻게 거를 수 있을까? 나라마다 법을 만들어 인스타그램, 유튜브, 페이스북 같은 거대 플랫폼을 규제하고 있어. 유해한 콘텐츠를 걸러 내고, 어린이와 청소년을 보호하는 게 목적이지. 하지만 이런 규제가 역할은 제대로 하지 못하면서 오히려 표현의 자유만 침해한다는 주장도 있지.

생각해 봐!

'잊힐 권리'란 말이 있어. 너에 대한 게시물이 돌아다니는데, 네 허락을 받지 않았거나 볼 때마다 마음이 불편하다면, 삭제를 요구할 권리가 있단 거지.

스마트폰과 함께 사는

스마트폰을 늘 들고 사는 너. 자신을 지키는 안전벨트를 잘 매고 있을까, 아니면 온라인 범죄자들의 손쉬운 먹잇감일까? 네 타입이 궁금하다면 이 테스트를 해 봐.

엄마가 스마트폰의 잠금 해제 비밀번호를 물어본다면?

@ 나의 사생활은 어떻게 되는 거지? 엄마에게 '내 사생활을 지켜줘요.'라고 말하며 절대 알려 주지 않는다.

\# 비밀번호를 SNS로 엄마에게 보낸다.

* 엄마에게 비밀번호를 써 놓지 말라고 약속을 받은 후 귓속말로 알려 준다.

네가 수영복을 입고 찍은 근사한 사진이 있을 때

\# 멋지다! 카카오톡의 새 프로필 사진으로 바꾼다.

@ 너의 근사한 사진을 친구들에게 보여 준다.

* '나의 사생활'이라는 인스타 스토리를 올린다. 스토리는 금방 사라질 테니까!

구글 계정의 비밀번호는?

* 학교 인트라넷 비밀번호와 같은 걸로 설정한다.

@ 머릿속에 아주 잘 저장한다.

\# 혹시 잊어버릴까 봐 교통 카드 뒤에 적어 둔다.

누군가 SNS 친구 신청을 한다면?

@ 거절한다. 그가 어떤 사람인지 알 수 없으니까.

* 신청한 사람이 잘 아는 '친구의 친구'라면 받아들인다.

\# 바로 수락한다. 팔로워 수를 늘릴 수 있는 기회니까.

너의 삶은 얼마나 안전할까?

친구가 이상한 메시지를 보냈는데, 거기에 링크가 달려 있다면?

@ 그 친구에게 바로 연락한다. 그 친구가 해킹당한 게 아닌지 의심스럽다.

* 바로 삭제해 버리고 다른 일을 한다.

클릭한다. 바로 걸려들었다!

친구가 단톡방에서 유치한 농담을 하면?

* 친구에게 메시지를 보내 그건 좀 아니라고 친절하게 알려 준다.

다른 친구들과 함께 그 친구를 놀리며 이렇게 생각한다. '좀 놀리면 어때.'

@ 쉬는 시간에 그 친구에게 그러지 않는 게 좋겠다고 설명한다.

@을 가장 많이 선택했다면

어떤 소동이 일어나도 준비가 되어 있는 타입

안전하게 지낼 수 있는 규칙을 잘 알고 있구나! 너는 아마 온라인에서 모르는 사람들과 이야기하지 않을 거야. 세상엔 착한 사람만 있지는 않다는 사실도 알고. 혹시 친구들에게도 네가 알고 있는 사실을 알려 줄 생각이 있니?

*을 가장 많이 선택했다면

한눈팔며 경고문을 읽을 타입

아직 커다란 함정에 빠지지는 않았지만, 판단이 잘 서지 않을 때는 범죄에 걸려들 가능성이 있어. 앞으로 복잡한 상황을 마주하게 될지도 모르겠구나. 만약 범죄가 의심되는 상황이 나타나면, 주변에 도움을 청해. 섣불리 행동하면 안 돼!

#을 가장 많이 선택했다면

비행기에서 승무원이 비상 상황이라고 말해도 잠을 자는 타입

스마트폰을 손에 둔 순진하기 짝이 없는 아이 같아. 너무 쉽게 사람을 믿는 경향이 있어. 그러니 경계심을 갖도록 해. 나쁜 의도를 가진 사람들의 목표가 될 수 있으니까. 네가 의식하지 못하는 사이에 힘들어질 수도 있으니까 조심해.

스마트폰이 나한테

SNS는 상품을 판매하려는 기업들의 전쟁터야. 아주 교묘하게 SNS 사용자를 대상으로 광고를 하지. 소비자에게 유익한 정보를 주는 척하면서 자기들 물건을 파는 거야.

SNS에서 가장 널리 퍼진 광고 방식 8가지를 소개할게.

1 할인 코드

2 특별 할인 판매

3 제품 소개 및 추천

4 간접 광고(PPL)

물건을 판다고?

이미 숱하게 봤던 광고들이지? 혹시 이런 광고를 보고
필요 없는 물건을 산 건 아니지?

거대한 '슈퍼마켓'

기업의 목표는 분명해. 스마트폰 사용자가 오랫동안 접속해 있으면서 언제나 물건을 구매하고 싶은 욕구를 갖도록 만드는 거지. 스마트폰 앱의 목표도 같아. 하루에도 몇 번이나 접속하게 만들고, 광고를 보게 하고, 물건을 사게 만들어.

정말 무료 서비스일까?

틱톡에 올라오는 영상들을 보고, 인스타그램 사진에 '좋아요'를 누르고, 카카오톡 메시지를 사용하고, 검색 서비스를 이용하는 건 다 공짜야. 이렇게 편하고 재밌고 유용한 서비스가 왜 무료일까?
그 이유는 네가 팔리고 있기 때문이야. 사이트와 앱은 네가 무엇에 관심이 많은지 잘 알아. 그 정보를 기업에 팔지. 기업은 그 정보를 이용해서 너한테 딱 맞는 광고를 자꾸 보여 줘. 그걸 **푸싱(pushing)**이라고 하는데, 상품을 사도록 널 계속 밀어붙이는 거지.

미안하지만 됐습니다!

조심해, 너를 지켜보고 있어!

네가 사용한 검색어, 방문한 사이트, 좋아하는 콘텐츠, 구매한 제품, 이런 정보들은 인터넷에 기록돼. '**쿠키**'라고 불리는 작은 파일에 이런 정보가 저장되지. 같은 사이트에 다시 접속하면 쿠키가 네 취향과 습관에 맞는 페이지를 제공해. 편리하지만, 쿠키는 너에게 **맞춤 광고**를 보여 주는 데에도 쓰여! 그래서 사이트를 방문했을 때 쿠키를 받을지 말지 선택하라는 화면이 뜨는 거야. **거부할 권리**를 보장해야 하니까.

내 정보는 건드리지 마세요

나이, 사는 곳, 많이 구매한 물건, 이런 건 너와 관련된 **개인 정보**야. 인터넷을 이용하다 보면, 어쩔 수 없이 개인 정보를 사이트에 제공하게 되지. 개인 정보를 대량으로 확보한 기업은 큰 이익을 얻을 수 있어. 하지만 수많은 사람이 피해를 보지. 그래서 사이트가 수집한 개인 정보를 유출하는 걸 법으로 엄격하게 막는 거야. 혹시 인터넷에서 '개인 정보 공유에 동의하십니까?'라는 질문을 받으면, 대답하기 전에 잘 생각해야 해.

'GAFAM'을 규제하라

구글, 애플, 페이스북(2021년부터 메타로 변경), 아마존, 마이크로소프트 이 다섯 개 회사를 합쳐서 **GAFAM**이라고 불러. 이들은 최근 몇 년간 정보 유통과 온라인 상거래 등 수많은 분야에서 막대한 힘을 행사했어. 그 힘이 너무 막강해서 규제가 필요한 상황이지. 유럽에서는 '디지털 서비스법'을 제정했어. 이 법에는 **어린이에게 맞춤 광고를 하지 못하게** 하는 조항도 있어.

팔로워를 늘려라!

사이트나 앱 플랫폼은 회원 수가 많고, 회원들이 활발히 활동할수록 더 많은 회원이 몰려. 기업은 이 사이트에 광고를 하기 위해 더 많은 돈을 지불하게 되지. 이런 방식으로 플랫폼 기업과 인플루언서는 돈을 벌어.

포털 사이트나 앱에 **사용자들이 오래 머무르게** 하는 최고의 방법은 뭘까? 독립운동가들이 했던 멋진 말을 편집한 영상을 틀어 놓을까? 안타깝게도 그걸로는 사람들을 끌어모을 수 없어. 포털 사이트와 앱에서는 이런 방법을 써.

☞ 모욕적이든 충격적이든 상관없이 분노나 슬픔 같은 강렬한 감정을 자극하는 콘텐츠를 올려. 😱

☞ 사람들이 격렬하게 싸울 만큼 논쟁적인 주제를 게시해. 😲

☞ 결코 지루하지 않고, 웃음을 터트릴 만한 아주 흥미로운 콘텐츠를 노출해. 😂

☞ 사용자들의 개성, 취향, 욕구에 아주 잘 맞는 콘텐츠를 골라서 보여 줘. 😍

놀라운 사실!
틱톡 사용자의 25%가 틱톡에 등장했던 제품을 자기도 모르게 사거나 검색한대.

스마트폰을 들기 전에 심호흡을 해!

스마트폰으로 여기저기 웹서핑을 하다 보면 어쩌다가 사기 피해자가 될 수도 있어. 주문한 물건이 도착하지 않거나 은행 계좌가 해킹되기도 하지. 이뿐만이 아니야. 우리는 날마다 무언가를 구매하도록 부추기는 수많은 작은 덫에 걸리기도 해.

너무 쉬운 구매

인터넷 광고는 너의 취향과 욕구에 맞춰져 있어. 게다가 광고를 클릭하면 바로 상품을 살 수 있는 페이지로 연결되지.

인스타그램 같은 앱에서는 손가락으로 화면을 한두 번 터치하면 곧장 상품 판매 사이트로 연결돼. 광고한 물건을 사는 게 아주 쉽고 간편해.

사용자를 노리는 덫

거의 모든 앱은 구매 과정을 단순하게 설계해. 화면을 교묘하게 디자인해서 사용자들이 원치 않는데도 구매하도록 유도하기도 하지. 이처럼 눈속임으로 사용자를 걸려들게 만드는 덫을 **다크 패턴(dark pattern)**이라고 불러. 바로 이런 거야.

'지금 구매하세요' 버튼이 훨씬 크고 눈에 잘 띄는 디자인

서비스를 거부하거나 상품을 사지 않으려면 엄청난 장애물을 통과해야 하는 디자인

팝업 창에 개인 정보를 넣어야 상품 구매 페이지에 접근할 수 있게 만든 디자인

세상에!

다행히 이제는 사용자들이 다크 패턴을 잘 찾아내고, 그걸 이용한 기업에 항의하고 있어. 기업은 눈속임 광고를 하지 않는 흐름으로 돌아서고 있지. **책임감 있는 디지털 문화**에 대해 깨닫기 시작한 거야.

구매를 위한 클릭 한 번

개인 맞춤 광고를 **스마트광고**라고도 불러. 그런데 진짜 스마트한 거 맞아? 어쨌든, 정원 돌보는 게 취미인 할아버지에게 모종삽을 추천하고, 보디빌딩에 빠진 아빠에게 코치를 추천하고, 너에겐 최신 스마트폰을 추천할 만큼은 똑똑해. 하지만 스마트광고가 많아질수록 욕망이 커지고 충동구매의 늪에 빠질 위험이 커져. 게다가 플랫폼 회사는 결제 정보를 미리 등록하게 유도해. 그래야 구매가 훨씬 간단해지니까.

교활한 모바일 통신사들

스마트폰 서비스에 가입하려고 통신사에 갔는데, OTT나 음악 스트리밍 서비스에 가입하라는 권유를 받은 적 있지 않아? 두 달은 공짜고, 요금은 전화 요금에 포함된다고 하면서 말이야. 당장 지갑을 열 필요가 없으니 덜컥 가입하기 쉽지. 그랬다간 부모님이 네 전화 요금 청구서를 보고 뒤로 넘어질지도 몰라.

생각해 봐!

기업이 쳐 놓은 덫에 걸려들지 않으려면 예리한 눈으로 관찰해야 해. 스마트폰에서 터치해야 할 곳을 잘 봐. '예' '아니요' 버튼이 반대로 배치돼 있기도 해. 만약 잘못 눌렀다면 망설이지 말고 다시 앞으로 돌아가면 돼.

'바로 구매하기' 버튼을 본 적 있니? 상품을 파는 플랫폼에서 소비자가 당장 물건을 사도록 유도하는 기능이야. 얼핏 보면 필요한 물건을 편하게 살 수 있는 기능 같지만, 소비자가 장바구니에 넣어 두고 고민할 시간을 없애 버리는 거야.

인플루언서가 이끄는 새로운 시대

요즘은 누구나 인플루언서가 되기를 바라. 인플루언서가 돈을 많이 번다고 생각하기 때문이야. 그런데 실제로는 그렇지 않아.

저기 인플루언서님, 방 청소는 했어요?

엄마! 지금 라이브 방송 중이라고요!

인플루언서: 새로운 꿈의 직업?

인플루언서는 SNS에 자기 일상을 공유하고 **팔로워와 친밀한 관계를 유지하면서 영향력을 미치는 사람**이야. 자신이 잘 알고, 좋아하는 분야에 관련된 제품을 소개하고, 판매도 하지.
화장품을 사랑하는 고등학생, 아이 옷을 만들어 파는 엄마, 새로운 스타일을 개발하는 헤어 디자이너 등 다양한 분야의 인플루언서들이 많아. 팔로워 수가 많고 콘텐츠가 훌륭한 인플루언서들은 기업이 사랑하는 스타로 떠오르기도 해.

너는 정말 매력이 넘치는구나!

사람들은 대부분 자신이 멋있다고 생각하는 사람, 좋아하는 유머와 취향과 개성을 가진 사람의 의견을 따르는 경향이 있어. 그러다 보면 그 사람과 닮고 싶고, **그 사람이 쓰는 제품까지 갖고 싶어져**. 인플루언서 마케팅은 이런 마음에 기대어 물건을 파는 거야.
인플루언서를 팔로우하는 사람이 많을수록, 이렇게 많은 사람이 따르는 데는 이유가 있다며 그를 더 신뢰하게 되고, 그가 파는 물건은 많이 팔리지. 많은 사람이 인플루언서를 따르는 건 그들이 자신과 비슷한 면이 있다고 느끼기 때문일지도 몰라. 또 이런 공통점 때문에 **자신도 인플루언서가 될 수 있다고** 생각해. 그런 이유로 수많은 청소년이 인플루언서가 되기를 꿈꿔.

내 매니저가 되고 싶어?

인플루언서는 진짜 직업이 되었어. 학교에서는 새로운 콘텐츠 크리에이터를 양성하거나, 인플루언서 마케팅과 관련된 직업 교육을 점점 많이 해. 심지어 리얼리티 프로그램 출신 인플루언서를 수행하는 매니저도 생겼어.

아주 극소수의 인플루언서들은 어마어마한 돈을 벌어들이고 있어. 하지만 **대부분의 인플루언서들은 풍족하게 벌지 못하는 게 현실이야.**

인플루언서가 사기꾼?

최근 인플루언서와 관련된 스캔들이 여러 건 발생했어. 자신의 일상을 거짓으로 올리거나 팔로워를 상대로 사기를 친 거야. 인플루언서가 고소당한 사건도 있어.

☞ 제품을 판매해 놓고 물건을 보내지 않은 사건

☞ 여드름을 유발하는 화장품, 탈모를 일으키는 샴푸 등 검증받지 않은 제품을 팔로워에게 팔아 위험에 빠트린 사건

☞ 기업에 돈을 받고 제품을 홍보하면서, 이 사실을 숨기고 진심으로 좋은 제품을 추천하는 것처럼 속인 사건

☞ 컴퓨터 프로그램으로 가짜 계정을 만들어 구독자 수를 허위로 부풀린 사건

이런 행위는 모두 불법이야. 인플루언서들은 미디어 광고가 지켜야 하는 규정을 똑같이 지켜야 한단다.

놀라운 사실! 인플루언서가 올리는 콘텐츠 네 개 중 하나는 광고 협찬을 받았다는 사실을 명확하게 밝히지 않아.

작지만 단단한 계정!

인플루언서가 되기 위해 갖은 애를 쓰며 팔로워를 늘릴 필요는 없어. 사람들이 점점 **작은 인플루언서**에게 관심을 갖기 시작했거든. **5,000명에서 1만 명의 구독자**를 갖고 있는 이들로, 그들의 커뮤니티는 작지만 참여가 굉장히 활발해. 작지만 단단한 계정이 더 의미 있다는 거지.

제 채널 '러브 포니'에 오신 걸 환영합니다!

인플루언서에 대해

인플루언서의 세계를 잘 알고 있는지, 아니면 아는 게 별로 없는지
알고 싶다면 다음 테스트를 해 봐.

1 인플루언서가 가장 많이 활동하는 SNS는 뭘까?
- @ 핀터레스트
- \# 페이스북
- * 인스타그램

2 인플루언서의 대다수는 우리가 그들을 어떻게 부르는 걸 좋아할까?
- @ 사기꾼
- \# 콘텐츠 크리에이터
- * 굉장히 창조적인 사람

3 인기 있는 인플루언서들의 평균 나이는?
- @ 19-35세
- \# 12-18세
- * 45-60세

4 어린이 인플루언서들은 돈을 벌면 뭘 할까?
- @ 부모님에게 준다.
- \# 장난감 트럭과 사탕을 산다.
- * 돈의 일부를 18세가 될 때까지 사용하지 못하도록 은행 계좌에 묶어 두고 있다.

5 인플루언서들 중에서 그 활동만 전업으로 하는 사람들의 비율은 얼마나 될까?
- @ 100명 중 15명
- \# 100명 중 70명
- * 100명 중 90명

아! 드디어 내 사탕이 도착했다!

얼마나 알고 있니?

6 인플루언서들 대부분은 돈을 얼마나 벌까?
@ 1년에 1000만 원 미만
\# 1년에 5000만 원에서 1억 원 사이
* 1년에 2억 원 이상

7 가장 인기 있는 콘텐츠는 어떤 걸까?
@ 건강, 행복, 뉴스
\# 음식, 유머, 뷰티
* 살림과 다림질

8 인스타그램에서 10만 명 이상의 팔로워를 가진 인플루언서는 매달 평균 몇 차례 게시물을 올릴까?
@ 매달 13회
\# 매달 25회
* 매달 7회

답: 1.* 2.\# 3.@ 4.* 5.@ 6.@ 7.\# 8.\#

6-8개 맞혔다면
인플루언서에 대해 모르는 게 거의 없구나. 인플루언서가 되겠다는 꿈은 꾸지 않지?

4-5개 맞혔다면
괜찮은 편이야! 인플루언서 마케팅이 돌아가는 핵심을 알아차렸어!

3개 이하로 맞혔다면
인플루언서에 대해 거의 모른다고 봐야 해. 그렇다고 억지로 관심을 가질 필요는 없어.

스마트폰이 주는 진짜 정보와

스마트폰으로 수많은 정보가 쏟아져 들어와. 진짜도 있고, 가짜도 있고, 쓸데없는 우스갯소리도 있고, 음모론도 있지! 뭐가 진짜인지 분명히 알기는 어려워. 어떻게 하면 잘 가려낼 수 있는지 알려 줄게.

멋진 음모론 만들기

① 커다란 그릇에 기본 재료를 부어요.

- 기본 재료: 사악한 의도를 지닌 계획, 위대한 악인 셋

- 어마어마한 질문을 잔뜩 던지고 진실을 아주 조금만 뿌리세요.

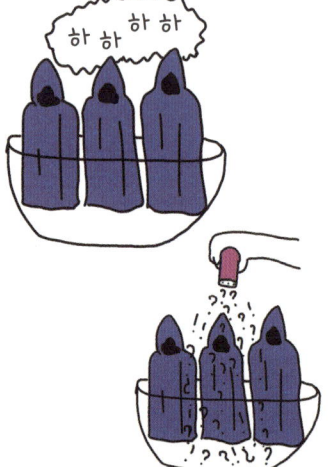

가짜 정보 그리고 음모론

❷ '모두가 너에게 거짓말을 하고 있어!'라는 생각을 넣어요.

- 진짜 정보와 가짜 정보를 섞어요.

- 여기까지 준비가 끝났으면, 마지막으로 '내가 틀렸다는 걸 입증해 봐!'라는 말을 넣어 반죽을 만들어요.

❸ 냉장고에 넣고 반죽이 차가워질 때까지 두었다가, 케이크를 만들어요.

- 완벽한 음모론을 만들기 위해 논쟁을 섞어 넣어요.

- 거짓 전문가의 의견으로 장식하면 멋진 음모론이 나옵니다.

참고해!

유튜브에 'le complot chat(고양이의 음모)'를 검색해 봐. 프랑스 청소년이 만든 영상으로 음모론이 어떻게 만들어지는지 이해하기 쉽게 만든 교육 자료야. 프랑스 말이라 이해하기 어려우면 EBS에서 만든 〈미래교육 플러스-디지털 리터러시 교육〉 동영상을 찾아봐.

정보를 어디에서 얻을까?

많은 청소년이 SNS를 정보를 얻는 수단으로 선택해. SNS에 올라온 정보 중에서 진짜와 가짜를 구별하는 게 쉽지 않은데도 말이야.

스마트폰으로 쉽고 빠르고 간편하게

요즘엔 다른 나라에서 일어나는 일을 알고 싶을 때, 라디오나 텔레비전을 켜기보다 스마트폰 검색을 가장 먼저 해. 스마트폰 액정에 손가락을 올리기만 하면 정보들이 도착하지. 거기에는 진짜 정보와 가짜 정보가 섞여 있어.

여름 방학이 일주일로 줄어들 예정이라는 거 알고 있었어?

믿을 만한 정보는 어디에 있을까?

신문이나 방송에서 제공하는 정보를 판단할 때는 그 언론사가 전통과 권위가 있는지 살펴봐야 해. 그런 언론사들은 기사를 작성한 기자의 이름을 분명히 밝히고, 중요한 뉴스를 더 크게 다루고, 뉴스를 내보내기 전에 **전문가들의 검증**을 거쳐. 기자에게는 가장 정직한 태도로 기사를 다룰 **의무와 책임**이 있지. 그래서 사람들은 신문사 같은 언론사가 내보내는 정보는 신뢰할 만하다고 생각해.

SNS에는 모든 게 섞여 있다

SNS에 있는 정보들은 대부분 출처가 어디인지 나와 있지 않아. 사실인지, 광고인지, 헛소리인지, 가짜 뉴스인지 전혀 알 길이 없지.
어떤 정보가 사실인지 어떻게 구별할 수 있을까? 가짜 정보들로부터 진짜 정보를 어떻게 골라내지? 다 비슷해 보이는데 말이야.
이렇게 헷갈리는 상황에서는 엉뚱한 정보를 사실로 믿을 수도 있어. 특히 **가짜 뉴스들은 현실보다 훨씬 더 자극적**이라서 자연스럽게 관심이 가지.

생각해 봐!

구글 검색도 불완전하지만, 신뢰할 만한 정보를 얻기에는 틱톡보다 훨씬 나아. 한 연구에 의하면 틱톡 메인에 올라온 100개의 뉴스 영상 중 5개가 가짜 뉴스래.

가짜 뉴스가 뭐야?

언론사 보도와 비슷한 형식이면서 마치 사실인 것처럼 온라인에 돌아다니지만, 사실이 아닌 뉴스를 가짜 뉴스라고 해. 최근 SNS에서 가짜 뉴스가 엄청나게 늘어났어. 가짜 뉴스에 속지 않으려면 모든 뉴스를 의심해야 하는 상황이 되어 버렸지.

가짜 뉴스의 특징은 가면을 쓴 채 주장한다는 거야!

가짜 뉴스는 거짓 정보

가짜 뉴스는 사람들을 속이거나 잘못된 정보를 주입시킬 목적으로 만들어진 **거짓 정보**야. 문자, 이미지, 음성, 영상 등 다양한 형태로 만들지. 콘텐츠가 많아질수록 거짓 정보를 골라내는 건 점점 더 어려워져.

가짜 뉴스에도 역사가?

가짜 뉴스가 만들어지는 게 새로운 일은 아니야. 가짜 뉴스는 언제나 존재했지. 전쟁을 정당화하거나, 대중의 의견을 조종하기 위해 잘못된 정보를 퍼뜨린 일이 과거에도 종종 있었어.
새로운 점은 인터넷과 SNS 덕분에 가짜 뉴스가 믿을 수 없이 많은 사람에게 퍼진다는 거야.

우리는 왜 가짜 뉴스의 덫에 걸릴까?

첫 번째 이유는, 수많은 **가짜 뉴스가 우리의 불안을 교묘하게 파고들기 때문이야**. 사람들은 불안하고 힘든 상황에서 분명한 답을 얻고 싶을 때 다양한 정보에 기대. 가짜 뉴스는 그 틈을 정확하게 파고들지. 코로나19 팬데믹 기간 동안 무수히 많은 가짜 뉴스가 만들어지고 퍼졌어. "코로나 바이러스는 제약 회사의 실험실에서 의도적으로 만들어진 것이다.", "코로나에 감염되면 양파를 날로 먹어야 한다.", "백신에 우리를 감시하는 전자 칩이 들어 있다." 등 수도 없이 많았어.

가짜 뉴스로 뒤덮인 사건들

뉴스로 보도된 사건이 중대하고 충격적일수록, 그와 관련된 가짜 뉴스는 더 많이 만들어져. 예를 들면 뉴욕에서 벌어진 911 테러 사건이나 유명 연예인의 갑작스러운 사망, 코로나 같은 감염병, 러시아와 우크라이나 사이에 벌어진 전쟁과 관련된 가짜 뉴스는 셀 수 없이 많아.

가짜 뉴스 = 감정

가짜 뉴스는 가장 깊은 곳에 있는 사람들의 두려움을 먹고 자라. 죽음, 질병, 폭력, 전쟁 같은 사건은 분노와 슬픔처럼 격한 감정을 일으키지.

이렇게 강렬한 감정이 올라오면 어떻게 하지? 대부분 다른 사람과 나누고 싶어져. 그래서 재빨리 손가락을 움직여서 아는 사람에게 그 소식을 전하지. 그 바람에 가짜 뉴스가 순식간에 퍼지는 거야.

가짜 뉴스는 무척 빨리 퍼져. 그 뉴스가 가짜라는 게 밝혀져도 그로 인해서 생긴 피해를 막기 어려워. 가짜 뉴스가 퍼지는 속도는 가짜 뉴스가 잘못되었다는 정정 기사가 퍼지는 속도보다 훨씬 빠르기 때문이지.

놀라운 사실!

가짜 뉴스는 제대로 된 정보보다 **6배나 빠른 속도로** 퍼진다고 해.

가짜 뉴스는 순식간에 퍼져 나가!

우리는 어떤 정보가 진짜라고 믿으면 다른 사람에게 알려 줘야 한다고 생각해. 그런 과정에서 원치 않게 가짜 뉴스를 퍼뜨리기도 하지.

제대로 행동하고 있다는 믿음

몇 년 전 프랑스에서 흰색 화물차 운전기사가 학교 문 앞에서 아이들을 납치한다는 가짜 뉴스가 퍼진 적이 있어. 사람들은 이게 사실이라면 공익을 위해서 다른 사람에게 반드시 알려야 한다고 생각했지. 이런 믿음을 타고 가짜 뉴스는 순식간에 퍼졌어. 결과는 아주 심각했어. 사람들이 흰색 화물차 운전기사를 볼 때마다 납치범이라고 비난하면서 폭력을 가하기도 했거든.

웃기고 싶은 사람들이 퍼뜨리는 가짜 뉴스

사람들을 웃기고 싶은 이들이 가짜 뉴스를 퍼뜨리기도 해. 농담으로 시작한 가짜 뉴스가 진짜 뉴스로 받아들여져 여기저기 퍼지는 거지.
프랑스의 한 사이트는 진짜 뉴스를 살짝 비틀어서 웃긴 가짜 뉴스를 만들어. 하지만 사람들은 그게 진짜 뉴스인 줄 알고 퍼뜨리지. 시민들이 바로잡고 있지만 시간이 너무 오래 걸리고, 그 사이에 피해까지 생겨.

세상에! 크로와상 대신 식빵을 주문했다는 이유로 빵집 사장님이 총을 네 발이나 쐈다고?

만우절 거짓말이 가짜 뉴스로

눈 깜짝할 사이에 전혀 의도하지 않은 일이 일어나기도 해. 케냐 동물원의 홍보 담당자에게 일어난 일도 그런 거야. 그는 4월 1일에 만우절 거짓말로 코끼리 코에 몸을 바짝 붙인 표범을 합성한 사진을 인터넷에 올렸어. 합성 사진 속 코끼리와 표범은 너무 귀여웠어. 사진은 순식간에 퍼졌고, 사람들은 그 사진이 만우절 거짓말이라는 사실은 까맣게 잊어버렸어. 그렇게 만우절 거짓말이 가짜 뉴스가 되었지.

신문 기사의 오류들

안타깝게도 기자들은 생각보다 완벽하지 않아. 그들 역시 실수를 하지. 먼저 특종을 터트리려고 기사 작성을 너무 빨리 하다가 실수하기도 해. 자신에게 기삿거리를 제공한 사람을 지나치게 믿어서 사실 여부를 제대로 확인하지 않는 실수도 하고.

요즘 언론사는 온종일 끊이지 않고 정보를 제공해야 해. 언론사 역시 돈을 버는 기업이니까 대중의 관심을 사로잡는 데 성공해야 하거든. 그래서 잘못된 정보라도 많이 언급되기만 하면 좋다고 잘못 생각하기도 하지.

놀라운 사실!
젊은 틱톡 사용자의 41%가 인플루언서의 팔로워가 많을수록 그 사람이 제공하는 정보가 더 믿을 만하다고 믿는대.

널 사랑하니까, 널 믿을래!

가짜 뉴스가 잘 퍼지는 또 다른 이유는 자기가 잘 아는 사람이 전해 주는 정보일수록 더 잘 믿기 때문이야. 한 연구에 따르면, 사람들은 사랑하는 사람이 전해 준 뉴스는 별로 의심하지 않는대.

생각해 봐!
모든 정보는 유통되는 과정에서 부분적으로 삭제되고, 왜곡되고, 잘못 해석될 수 있어. 그러니까 어떤 정보든 네 스마트폰에 나타나기 전에 이런 과정을 거쳤을 가능성이 있다는 걸 기억해야 해!

가짜 뉴스가 왜 그렇게 많은 걸까?

가짜 뉴스를 만드는 이유는 다양해. 사람들은 돈을 벌기 위해서, 권력을 얻기 위해서 또는 자기 생각을 널리 퍼뜨리기 위해서 가짜 뉴스를 만들어.

👉 돈 때문에 가짜 뉴스를 만든다

가짜 뉴스가 왜 생기는지 따라가 보면 돈 때문인 경우가 많아. 가짜 뉴스를 만드는 사람들은 후원금을 호소하거나, 상품 판매, 유료 온라인 서비스를 추천하지. 예를 들어 건강에 관한 가짜 뉴스를 만드는 사람들은 자기들이 만들어 낸 기적의 방법을 따르면 건강해진다고 주장해. 오줌을 마시거나, 햇빛을 쬐면서 야채 주스를 마시면 암을 치료할 수 있다는 식이지.

👉 올바른 정보를 퍼뜨려서 세상을 구해야 해!

어떤 사람들은 자기가 전 인류에게 올바른 정보를 전달할 사명을 받았다고 생각해. 사람들이 거짓 정보에 속고 있으니, 진실을 알려야겠다고 나서는 거지. 사실은 자기가 믿는 게 가짜 뉴스인데 말이야. 지구가 평평하다, 미국 대통령들은 파충류다, 반은 인간이고 반은 파충류인 외계인들이 인류를 파멸시키려고 한다, 이런 음모를 퍼뜨리는 자들이 그런 사람들이지.

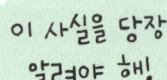

이 사실을 당장 알려야 해!

👉 책임질 사람을 찾아라!

지구에서 일어나는 심각한 문제들에 대해 누군가 책임져야 한다고 생각하는 사람이 많아. 이 점을 이용해서 어떤 사람들은 가짜 뉴스를 만들어 특정인을 공격해. 주로 유대인, 무슬림, 동성애자, 여성 등이 공격 대상이야. 이런 가짜 뉴스는 **인종 차별**이나 **성차별**을 정당화하는 근거로 사용돼.

👉 무시무시한 정치 도구

2017년 미국 대통령 선거 때는 도널드 트럼프의 측근들이 경쟁자인 힐러리 클린턴을 떨어뜨리기 위해 가짜 뉴스를 이용했어. 힐러리가 피자 가게 지하에서 아동 성매매 조직을 운영한다는 거짓말을 퍼뜨린 거야. 말도 안 되는 해괴한 거짓말이지만 사람들의 머릿속에 의심을 심어 주기에 성공했어. 정치에서 가짜 뉴스는 이렇게 무시무시한 무기가 되기도 해.

👉 정보 전쟁에서 이기기 위해서

전쟁에서 가짜 뉴스는 공포를 만들어 내거나 전쟁을 정당화하는 수단으로 쓰여. 예를 들어, 한 나라가 다른 나라를 침략할 때도 가짜 뉴스가 관여하지. 반대로 자기 나라가 침략당했다는 걸 보여 주기 위해 가짜 사진들을 유포하기도 해. 정부가 나서서 잘못된 정보를 의도적이고 조직적으로 퍼뜨리는 걸 **프로파간다**라고 해.

가짜 뉴스 = 돈

콘텐츠는 많이 공유될수록 광고 효과가 커. 어떤 사람들은 자신의 인터넷 사이트나 SNS에 사람들이 많이 몰리게 하려고 가짜 뉴스를 만들어. 그러면 돈을 많이 벌 수 있거든.

가짜 뉴스는 이제 돈을 버는 산업이 되었어. 심지어 '가짜 뉴스 공장'이 있을 정도지. 캄보디아, 코소보 같은 나라에서는 수천 명의 노동자가 돈도 거의 못 받으면서, 아주 빠르게 가짜 뉴스를 퍼뜨리는 가짜 계정들을 만들고 있어.

음모론을 어떻게 판별할 수 있을까?

스마트폰을 보다 보면 음모론을 접하게 돼. 음모론이 정확히 뭘까?
우리가 음모론인지 아닌지 판단할 수 있을까?

세상을 조종하는 권력자들

음모론이 만들어지는 이유는 일부 권력자들이 가난한 시민을 속이고 세계를 조종한다고 믿는 사람들이 있기 때문이야. 극소수의 사람들이 대다수를 속이면서 이 세상을 쥐락펴락한다고 믿는 거지. 이런 사람들은 오히려 사실을 의심하고 터무니없는 음모론을 쉽게 믿어. 전쟁, 감염병, 재난 등은 어둠의 권력자들이 계획한 음모라고 주장하지.

"나는 네가 알지 못하는 걸 알고 있다."

영화 〈매트릭스〉의 한 장면은 음모론을 믿는 사람들에게 확신을 주었어. 영화 속 영웅인 네오는 이전과 같은 삶을 살아가게 하는 파란 알약과, 진실을 보는 눈을 열어 준다는 빨간 알약 앞에서 둘 중 하나를 선택하는 상황에 놓여. 네오는 결국 빨간 알약을 선택하지. 이 장면은 '진실을 아는 자'가 다른 이들보다 뛰어난 존재라는 근거로 쓰여.

모든 걸 의심하라고?

'모든 걸 의심해야 한다'는 생각이 많은 논란을 불러일으키고 있어. 명백한 사실인데도 받아들이지 않고 의심하거든. 음모론을 믿는 사람들은 정부나 학교, 과학 및 의학 분야의 기술적 진보를 의심스러운 눈으로 봐. 그리고 언론은 돈과 기업에 끌려다니는 존재라서 진실을 보도하지 않는다고 믿지.

조심해!

이 세상에 음모가 하나도 존재하지 않는다는 말이 아니야. 역사학자들이 입증한 잘 알려진 음모들이 실제로 존재하거든. 오늘날에도 기업이나 기관이나 정치인들이 얽힌 음모도 있어.
음모론을 조심해야 하는 이유는 이 세상에서 벌어지는 모든 일의 배후에 음모가 도사리고 있다고 생각하면 **세상을 제대로 볼 수 없기 때문이야.**

음모론자는 타고나지 않는다

우리가 음모론에 잘 넘어가는 순간은 언제일까? 우리가 어떤 것도 믿지 못하고, 어떤 사람도 신뢰하지 않는 순간이야. 보통 어떤 일에 대해 실망하거나, 기본적인 의식주를 해결하기 어려울 정도로 힘들거나, 일이 잘 풀리지 않을 때 음모론에 쉽게 빠져들게 돼. 음모론자는 태어날 때부터 정해진 게 아니야. 누구든 굉장히 힘든 시기를 지날 때 음모론에 휘둘리게 되는 거지.

다른 의견을 받아들이기 힘든 시대!

가짜 뉴스와 음모론에 관심을 가지면 가질수록, 음모론자들이 만든 콘텐츠를 더 많이 추천받게 될 거야. 알고리즘 때문이지. 알고리즘은 비슷한 콘텐츠를 계속 보게 만들어서 자신만의 사고에 스스로를 가두게 만들어. 음모론에 빠지지 않아도, 그저 내가 좋아하는 주제의 정보와 의견만 보면, 우리는 다른 의견을 받아들이지 못하게 돼. 이런 이유로 SNS에서 벌어지는 토론이 종종 격렬한 싸움이 되어 버리지.

전문가의 조언

신뢰할 수 있는 정보를 어떻게 구별할까?

너에게 영향을 미칠 만한 정보가 있어? 그걸 다른 사람에게 공유하기 전에 먼저 할 일은 사실인지 확인하는 거야. 정보의 출처를 알아보고 그걸 전달한 사람의 의도를 파악해야 해. 프랑스 미디어 교육 전문가이자 기자인 상드라 라부카리는 아래와 같은 질문들을 스스로 생각해 보라고 조언했어.

그 정보는 어디에서 왔나요?

정보를 만나면 맨 처음 출처를 확인해야 해요. 만약 인터넷 사이트에서 봤다면 그 사이트가 믿을 만한지 알아봐야 하죠. 사이트가 만들어진 목적이나 회사 소개를 읽어 보면 알 수 있어요. 얼마나 많은 사람이 알고 있는 사이트인지도 중요해요. 정보를 본 곳이 SNS라면 그 계정이 회사나 정부 기관의 공식 계정인지도 확인해 봐야 해요.

누가 나에게 말하고 있나요?

그 말을 한 사람이 기자인지, 정치인인지, 기업인인지, 인플루언서인지, 전문가인지, 과격한 선동가인지 반드시 찾아보세요.

거대 기업들이 한편이 되어 아무 말이나 하는 건지 누가 알겠어?

정보의 목표가 뭔가요?

- 나를 설득하거나 나에게 영향을 미치려는 정보인가요? 그렇다면 자기 주장을 널리 퍼뜨리려는 게 목적일 수 있습니다.

- 내가 뭔가를 사도록 유도하나요? 그렇다면 마케팅이나 광고일 수 있어요.

- 두려움을 불러일으키는 정보인가요? 그렇다면 거짓 소문일 가능성이 커요.

- 깊이 생각하게 하거나 뭔가를 가르쳐 주려는 정보인가요? 그렇다면 제대로 된 정보가 틀림없어요!

정보가 논리적인가요?

뒤죽박죽 얽혀 있거나, 답변을 제공하지 않으면서 수많은 질문만 늘어놓는 정보는 의심해야 해요.

이 정보가 다른 곳에도 올라와 있나요?

- 검증된 사이트에도 같은 정보가 있나요? 사람들이 많이 이용하는 검증된 사이트에는 잘못된 정보가 올라가기 힘들어요. 만약 어쩌다 올라갔다고 해도 이를 보는 사람이 많으니 금세 바로잡을 수 있지요.

- 여러 언론사에서 보도했나요? 언론사에서는 보도하기 전에 사실 검증을 합니다. 팩트 체크라고도 하는데, 해당 분야의 전문가들에게 사실이 맞는지 확인한 다음 보도하지요. 따라서 여러 언론사에서 보도한 내용이라면 믿을 수 있어요.

생각해 봐!

사진이나 그림 형태의 정보가 믿을 만한지 알아보는 가장 빠른 방법은 다른 인터넷 사이트에 올라간 적이 있는지 살펴보는 거야. 사진이나 그림을 마우스로 선택한 다음, 오른쪽 버튼을 누르고 '이미지 검색'을 클릭해. 브라우저에 따라서 메뉴 이름은 조금씩 달라.

음모론: 누구나 들어 보았을

온라인에서 퍼졌던 유명한 음모론을 소개할게. 이 중 하나는 진짜로 유행했던 음모론이 아니라 이 책에서 새로 만들어 낸 이야기야. 어떤 것인지 찾아보자!

1

이집트 피라미드는 미래에서 온 외계인이 세운 것이다.

2

반은 인간, 반은 파충류로 만들어진 생명체인 파충류인간이 세계를 뒤에서 조종한다.

3

인간은 달에 착륙한 적이 없다!

4
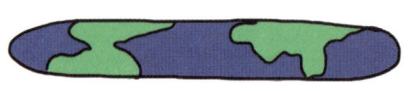
지구는 둥글지 않고 평평하다!

대표 선수들

5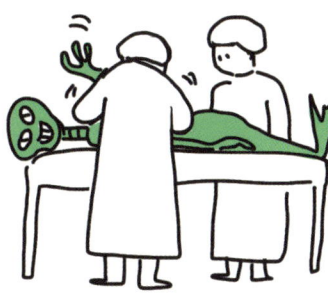

미국의 비밀 공군 기지인
51구역에 외계인이 있다.

6

자, 어서,
나를 만져
보시지!

나비의 날개에서 떨어지는 가루는
나비가 우리를 독살하려고 뿌리는 것이다.

7

비행기가 지나가고 난 뒤에
하얀 구름처럼 생기는 비행운은
해로운 화학 물질이다.

8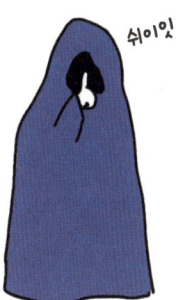

쉬이잇

일루미나티는 세계를 지배하는
비밀 조직이다.

스마트폰 덕분에 똑똑하고

스마트폰은 아이디어와 영감을 발견하기에 아주 좋은 수단이야.
스마트폰으로 손쉽게 뭔가를 만들어 내고, 공유하고, 다양한 활동을 시작할 수 있어.

복잡한 종이 장난감 만들기

킥보드 타고 공중제비 넘기

피아노 한 소절 배우기(피아노를 한 번도 배운 적 없는 사람이라도 가능해!)

나만의 수제 샴푸 만들기

창의적이고 흥미로운 사람이 될 수 있어!

만화 캐릭터 그리기

유행하는 보석이나 액세서리 만들기

영화감독 되기

코미디언 되기

그래서 우리 엄마가 내 성적표를 발견하고 나서 뭐라고 했냐면….

스마트폰 터치, 창의적인 사람으로 가는 첫걸음!

우리는 스마트폰으로 수많은 정보를 얻을 수 있어. 스마트폰은 온라인에 있는 정보를 찾아서 알려 주고, 친절하게 가르쳐 주기도 하지. 게다가 손안에 쏙 들어가니까 네가 가는 모든 곳에 함께할 수 있어.

보아뱀 기르는 방법을 알려 드릴게요.

엄지손가락 한 번으로 창의력 기르기

스케이트보드 바퀴를 어떻게 수리하는지, 치즈 폭탄 햄버거를 어떻게 만드는지, 고약한 수학 문제를 어떻게 풀어야 하는지 고민되니? 걱정 마, 스마트폰이 있으니까. 어떻게 해야 하는지 모르는 까다로운 문제가 있거나, 멋진 아이디어가 필요할 때 손가락 한 번만 움직이면 스마트폰이 해결해 줘.

깊어지는 열정!

무언가 새로운 걸 시작하고 싶을 때, 스마트폰으로 커뮤니티에서 여러 사람과 정보를 주고받는 게 도움이 돼. 관심사가 같거나 같은 취미를 가진 사람들과 교류하면 마음속 열정이 점점 깊어지지.

콘텐츠 생산자 되기

스마트폰이 있으면 SNS 계정이나 채널을 만들어서 관심 있는 주제의 콘텐츠를 만들어 공유할 수 있어. 다른 사람이 만든 콘텐츠를 보기만 하는 것에서 한 걸음 나아가는 거지. 콘텐츠를 만드는 사람을 콘텐츠 생산자라고 하는데, 열정과 재능이 충분하다면 누구든지 훌륭한 콘텐츠 생산자가 될 수 있어. 다른 사람들을 감동시킬 만큼 좋은 콘텐츠를 만든다면 당연히 팔로워도 늘어나겠지?

내가 직접 했어!

코로나로 인한 격리의 시기를 보내면서 스스로 만들어 보는 DIY(Do It Yourself)가 유행했어. 많은 사람이 요리하고, 그림 그리고, 물건을 만들며 시간을 보냈어. 특히 젊은이들 사이에서는 뜨개질이 유행하기도 했지.

놀라운 사실!
'#harrystylescardigan'이라는 해시태그를 본 적 있니? 가수 해리 스타일스가 공연장에 입고 나온 컬러풀한 카디건이 유명한데, 그 카디건을 만들어 입는 게 SNS에서 엄청나게 인기였어.

틀에서 벗어나기

스마트폰은 우리가 가는 곳은 어디든 함께해. 패션, 뷰티, 인테리어, 여행, 요리 등 우리 생활 전반에 영향을 주지.
스마트폰은 새로운 시도를 하는 것이 의미 있는 일이라는 분위기를 만들었고, 사람들이 틀에서 벗어나도록 이끌었어. 그 덕분에 사람들이 과거에 비해 새로운 것에 쉽게 도전할 수 있게 되었단다.

나는 창조하고, 나를 표현하며, 자유롭다!

한 가지 아이템이 틱톡이나 쇼츠에서 유행하는 시간은 점점 짧아지고 있어. 그럼에도 불구하고 이런 앱은 창의적인 콘텐츠가 만들어 내는 강력한 힘을 갖고 있어. 모든 게 열려 있고 허용되며, 무엇보다도 자유롭기 때문이야.

참여의 원동력이 되는 스마트폰

스마트폰은 우리 주변과 세계에서 무슨 일이 일어나는지 알려 줘.
그리고 우리가 가치 있는 일을 할 수 있게 도와주지.

다른 사람들을 위해 행동하기

난민을 위한 기금 모으기, 여성의 권리를 지키기 위한 실천에 참여하기, 생물 다양성 보호하기, 기후 위기 해결을 위해 행동하기, 어려운 시기를 겪고 있는 이웃을 위해 후원금 모으기, 봉사 활동 장려하기. SNS로 이 모든 일에 참여할 수도 있고, 큰 활력을 불어넣을 수도 있어.

숨겨진 이들을 세상 밖으로

스마트폰으로 약자를 지원하는 활동을 할 수 있어. 우리 눈에 잘 보이지 않았던 장애를 가진 사람들을 스마트폰을 통해 더 쉽게 만날 수 있지. 그리고 그들이 인간답게 살도록 도울 수도 있어. 이뿐만 아니라 세대 간의 소통도 스마트폰으로 더욱 활발하게 일어나. 할아버지와 할머니들은 유튜브에서 활발한 활동을 하고 있어. '#할아버지할머니 #할머니 #할아버지' 라는 해시태그가 붙은 할아버지 할머니의 재미있는 일상은 수백만 명이 시청하기도 했지.

얘 이름이 크립토모나스래.

스마트폰에서 눈을 떼고 자연을 보자!

놀랍게도 스마트폰은 우리가 밖으로 나가 자연과 만나는 기회를 주기도 해. 스마트폰으로 아름다운 하늘을 공유하거나 새소리를 들으면서 자연을 관찰할 수 있지. 식물 이름을 알려 주는 앱, 긴 산책로를 안내해 주는 앱은 우리가 자연에 관심을 갖게 만들고, 자연을 보호하기 위한 행동으로 이끌기도 해.

지혜로운 소비자 되기

스마트폰의 도움을 받아 더 똑똑한 소비자가 될 수 있어. 현명하게 소비하는 방법을 배우고, 상품의 질을 판별하고, 절약하는 방법도 배울 수 있거든. 스마트폰을 하다 교묘한 광고에 걸려들 수도 있지만 이를 피해갈 수 있는 방법 또한 스마트폰에 나와 있어. 그 덕분에 소비자들은 점점 더 똑똑해지고 있지.

패션, 환경 오염을 가장 많이 일으키는 산업 중 하나

재킷은 작아서 못 입고, 청바지는 오래 입어서 싫증이 났니? 사진을 찍어서 중고 거래 앱에 올려 봐. 필요한 사람에게 팔거나 기부할 수 있어. 이제 안 입는 옷을 버리지 않아도 돼. 지구에 훨씬 더 좋은 일이지. 옷은 환경 오염의 주범이야. 버리면 쓰레기가 되어 환경 오염을 일으키고, 만들 때도 환경 오염을 일으켜. 면 티셔츠 한 장을 만드는 데 샤워를 18번 할 만큼의 물이 쓰인대.

생각해 봐!

새로운 삶
할머니의 낡은 커튼을 해변에서 입는 반바지로 수선하거나, 식탁보를 보헤미안 스타일 스커트로 만들어 보면 어떨까? SNS에 패션을 사랑하는 사람들이 업사이클링으로 새로운 옷을 만드는 콘텐츠가 많아.

버리지 않기
반찬이나 빵 같은 음식은 오랫동안 판매하기 힘들어. 팔리지 않으면 버려야 하지. 요즘엔 이런 상품들을 올리는 전용 앱이 생겼어. 소비 기한이 얼마 안 남은 제품을 싼값에 파는 거야. 쓰레기를 줄일 수 있는 획기적인 방식이야.

나눔이 훨씬 아름다워
갖고 놀지 않는 원격 조종 자동차, 산더미처럼 쌓인 너무 작은 바지들, 초등학생용 작은 책상을 어떻게 처리하지? 쓰지 않는 물건을 다른 사람에게 무료로 나눌 수 있는 앱이 많아. 새 물건을 사지 않고 나누어 쓰면 지구를 지킬 수 있어.

스크롤, 공부하는 새로운 방법

스마트폰은 뭔가를 배우거나 만들 때 무척 훌륭한 도구야. 학교에서도 스마트폰을 활용하기 시작했어. 이제 부모님이 네가 스마트폰에 너무 시간을 뺏긴다고 말씀하시면, 스마트폰 덕분에 네가 똑똑해질 수 있다는 사실을 알려 줘.

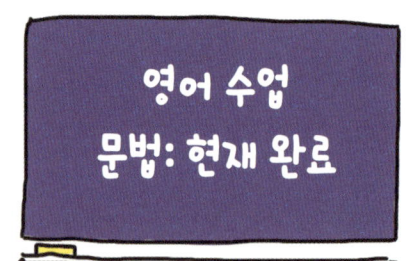

지식의 보고

온라인 세상은 마르지 않는 지식의 우물이야. 스마트폰으로 어마어마하게 많은 정보에 접속할 수 있어. 대부분의 질문에 대한 답도 찾을 수 있지. 정보가 엄청나게 많아서 그 가운데서 올바른 정보를 고르는 일이 어렵긴 하지만 말이야.

학교에서도 인플루언서가 생기고 있어

선생님들이 SNS를 개설해서 학생들과 소통하고 있어. 교과서에 나오는 지식뿐만 아니라 실생활에 도움이 되는 다양한 정보를 알려 줘. 자신의 취미 활동을 올리기도 해. 어떤 선생님들은 SNS에서 엄청난 스타가 되었어.

출처도 셀 수 없이 많아

온라인에는 위키피디아같이 모두가 협력해서 만드는 백과사전, 아카이브 사이트, 신문, 사진, 영상 등 온갖 형태의 정보가 있어. 거의 모든 분야의 지식이 있지. 특히 유튜브, 인스타그램, 틱톡과 트위치를 통해 지식이 널리 퍼지고 있어. 누구나 접근할 수 있는 친절한 방식으로 굉장히 어려운 사실을 쉽게 설명하지.

네 출처는 어디니?

챗GPT는 대화형 인공 지능이야. 2022년 말부터 시작된 이 서비스는 지식에 접근하는 방식에 큰 변화를 불러왔어. 몇 달만에 수백만 명이 챗GPT를 활용하기 시작했지.
챗GPT는 모든 주제에 대한 지식을 스스로 습득하고 생산할 수 있어. 하지만 정보의 질에 대한 의문점이 아직 남아 있어. 챗GPT는 인터넷에서 가져온 수많은 데이터를 모아서 알려 주거든. 그런데 출처를 하나하나 추적하는 게 불가능하니 신뢰도에 문제가 생기는 거야.

사람 대신에 인공 지능?

인공 지능은 인간이 하는 거의 모든 창의적인 활동을 할 수 있어. 그림이나 사진 만들기, 소설이나 가사 쓰기, 번역하기, 작곡하기, 게임 만들기, 심지어 완벽한 요리 레시피를 만들어 낸대. 하지만 우리 입맛을 만족시키는 인간의 손맛을 인공 지능이 대체할 순 없지 않을까?

새로운 직업들

사진가, 일러스트레이터, 번역가, 기자. 이런 직업은 미래에 사라지게 될까? 인공 지능은 사람이 하는 거의 모든 일에 도전하고 있어. 하지만 인공 지능은 인간이 쌓아 온 경험과 지식을 기반으로 성장해. 인간이 없으면 인공 지능도 의미가 없지.

인공 지능을 훈련하는 일이 미래에는 하나의 직업이 되지 않을까? 인공 지능은 인간을 대체하는 게 아니라, 인간의 삶을 돕고 풍요롭게 만드는 데 쓰여야 해. 그러려면 인공 지능을 어떻게 길들이는지가 중요하지. 인공 지능을 훈련할 아이디어가 떠오르니?

생각해 봐!

독서 열풍
스마트폰 때문에 책을 많이 읽지 않는다지만, 오히려 스마트폰이 독서 열풍을 불러일으킬 수도 있어. 책을 소개하는 북튜버가 만든 콘텐츠를 보고, 독서하고 싶은 마음이 생기는 사람이 많아진다면 가능하지 않을까? 독서와 스마트폰이 공존하는 거야.

하지만 내 기억력은 어디로 사라졌지?
디지털 치매라는 말을 들어 봤니? 어떤 정보를 잘 기억하지 못하거나 기억하려고 노력하지 않는 현상을 가리키는 말이야. 인터넷 검색으로 원하는 정보를 금세 찾을 수 있으니 이런 현상이 생기는 거지. 너도 혹시 디지털 치매를 겪고 있니?

스마트폰으로 공부를
스마트폰으로 영어를 배운 적 있니? 스마트폰 앱으로 공부하는 사람들이 많아지고 있어. 인공 지능과 영어로 채팅하고 전화하면서 영어 실력을 키우는 앱이 인기야. 우리도 한번 시도해 볼까?

내 스마트폰은 너무 웃겨!

스마트폰으로 SNS에서 유행하는 챌린지나 밈을 보면서 배꼽 빠지게 웃은 경험이 있을 거야. 스마트폰에는 웃긴 게 너무 많아. 우리의 웃음 버튼을 누르는 대표적인 콘텐츠를 소개할게.

합성 사진

흉내 내기

실패가 뻔한 일에 도전하기

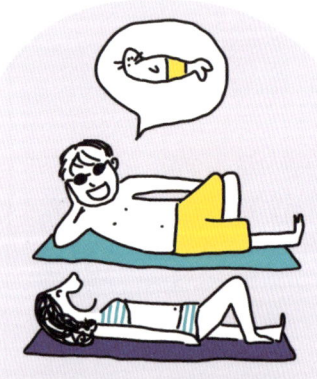

자신을 비하해서 웃기기

코스튬 플레이

해괴한 모습으로 다니기

반려동물과의 일상

장난치기, 놀래키기

생각해 봐!

장난은 우리가 잘 아는 사람에게 쳐야 해. 모르는 사람에게 장난을 거는 것은 굉장히 모욕적인 행동이 될 수 있어. 누군가 다칠 수 있는 장난은 금지!

밈: 인터넷에서 유행하는 문화를 모방하거나 재가공한 콘텐츠

전문가의 조언

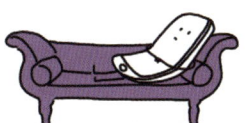

프랑스 심리학자인 나데주 라르셰르는 요즘 SNS에서 유행하는 유머에 대해 이렇게 말해.

"사람들은 유머를 무척 중요하게 생각해요. 웃기는 걸 좋아하죠. 하지만 이것만은 반드시 알아 두세요. 누군가를 놀리는 것보다는 다 같이 함께 웃는 게 더 즐겁답니다. 누군가 넘어지는 영상 뒤편에는 언제나 고통스러워하는 사람이 있어요. 친구들과 함께 웃는 경험은 서로를 더 친근하게 만들어 줘요. 그럴 때 소외되는 친구가 없는지 잘 살펴보세요. 누군가와 웃고 떠들고 싶을 때 자신이 했던 일들을 이야기하거나 몸으로 보여 주세요. 다른 사람을 희생시키지 않고 웃길 수 있는 훌륭한 방법이 되겠네요."

너는 적극적이고 창의적으로

스마트폰은 너의 하루를 활기차게 만들어 줄 수 있는 훌륭한 도구야. 스마트폰으로 정보를 공유하고, 무언가를 배우고, 정보를 얻고, 창조적인 뭔가를 만들 수 있지. 네가 적극적이고 창의적으로 스마트폰을 쓰고 있는지 알고 싶다면 이 테스트를 해 봐!

틱톡에서 유행하는 새로운 챌린지가 있다면?
* ＊ 친구들에게 바로 도전하자고 권한다!
* ＃ 그런 것들에는 별 관심이 없다. 캔디크러시를 해야 마음이 편하다.
* ＠ 다른 아이들이 챌린지를 하다가 넘어지는 걸 보는 게 더 재밌다.

최신 댄스곡 안무를 본다면?
* ＃ 춤을 추는 영상을 보는 것만으로도 너무 피곤하다.
* ＊ 완전 홀딱 빠졌다. 스마트폰 덕분에 새로운 춤을 끊임없이 보고 있다.
* ＠ 따라 하는 건 일단 성공! 영상과 똑같이 춤을 출 수 있게 연습한다.

틱톡에서 '스파게티 만들기 챌린지'가 유행하고 있다면?
* ＠ 아빠에게 레시피를 보여 주며 묻는다. "나도 참여해 볼까?"
* ＊ 라면도 기가 막히게 끓이는데, 스파게티쯤이야 식은 죽 먹기다.
* ＃ 내가 스파게티 만드는 걸 왜 남에게 보여 줘야 해?

갑자기 궁금해졌어. "수돗물은 어디로부터 시작되지?"
* ＊ 빨리 스마트폰을 열어 유튜브에서 검색한다.
* ＠ 모든 궁금증을 해결할 필요는 없다고 생각한다.
* ＃ 틱톡을 보면서 이를 닦는 중. 수돗물이 잘 나오는데 그런 게 왜 궁금한지 모르겠다.

다른 나라에서 무슨 일이 일어나는지 알고 싶을 때는?
* ＠ 어쩌다가 뉴스가 보이면 읽지만, 굳이 찾아보지는 않는다.
* ＃ 나만의 온실에서 지내는 게 좋다. 바캉스 사진들이나 본다.
* ＊ 이미 믿을 만한 몇몇 뉴스 계정을 구독 중이다.

스마트폰을 사용하는 사람이니?

이번 여름, 부모님과 스웨덴으로 여행을 간다면?

✻ 서둘러 외국어 공부 앱을 받는다. 스웨덴어를 배울 시간이 4개월밖에 남지 않았다.

@ 현장에서 부딪쳐 본다. 구글 번역은 어디서나 잘 돌아가니까.

\# 부모님이 알아서 하실 테니까 걱정할 게 없다고 생각한다.

지루해서 스마트폰을 꺼냈다면?

✻ 새로운 밈의 아이디어가 떠올랐다. '당장 시험해 봐야지.'

\# 새끼 고양이 동영상을 연속으로 보면서 시간을 보낸다.

@ 어버이날을 위해 근사한 선물을 찾는다.

✻를 가장 많이 선택했다면

초적극적인 스마트폰 사용자야. 무언가를 해야 한다면 가장 먼저 스마트폰을 찾지. 스마트폰으로 새로운 것을 배우거나 발명하거나 만들어 내. 스마트폰은 너에게 아이디어를 떠오르게 하고, 실천하게 도와주는 멋진 친구야.

@를 가장 많이 선택했다면

조금 주저하는 스마트폰 사용자야. 스마트폰으로 새로운 걸 배우고 따라하는 게 약간은 귀찮고 복잡하게 느껴져. 그래도 너는 스마트폰의 장점을 잘 활용하려고 애쓰고 있어. 하지만 스마트폰을 제대로 활용할 수 있는 방법이 아직 많이 있단다.

\#를 가장 많이 선택했다면

수동적인 스마트폰 사용자야. 너에게 스마트폰은 머리를 비우고, 시간을 보내고, 빈둥거릴 때 필요한 도구야. 소파에 늘어져서 볼 수 있는 멋진 친구인 거지. 그래도 비행기 모드로 바꿀 생각은 없지?

맺음말
스마트폰은 사람들을 가깝게

전 세계 사람의 4분의 3이 스마트폰을 갖고 있어.
스마트폰은 시간적으로, 물리적으로 떨어져 있는 사람들을 가깝게 만들어 주고,
서로를 발견하게 해 줘. 우리가 소통하는 것이 힘들어질 때 훌륭한 지원군이 되지.
서로 다른 문화가 만나게 해 주는 도구이기도 해. 사람들의 소통을 위한
완벽한 발명품이지. 너도 동의하니?

엄마, 짠 해요. 건배!

멀리 있는 사람과 대화할 수 있어.

세계인들을 하나로 연결해 줘.

기차역까지 얼마나 걸리는지 물어봐 줘.

당신은 완두콩을 좋아하세요?

여행 중에 의사소통을 도와주고 친구를 만드는 데 도움을 줘.

이어 주는 도구야!

"최신 케이팝이야." "진짜 신난다."

음악을 서로 주고받을 수 있어.

"얘는 달달이야. 우리 집에서 같이 사는 강아지야."

네가 어디에 사는지, 무엇을 좋아하는지 다른 사람에게 알려 줘.

여러 사람이 하나의 추억을 간직하도록 도와줘.

스마트폰의 장점은 셀 수 없이 많아. 하지만 스마트폰을 제대로 이용하는 스마트한 사람이 되려면 꼭 기억해야 할 게 있어.

꼭 기억해야 할 3가지

스크린 타임 제한하기

스마트폰과 떨어져 있는 시간 정하기

나이에 맞지 않은 콘텐츠는 무엇이든 보지 않기

참고 문헌

1. 야호, 나도 스마트폰이 생겼다!

Les usages numériques des moins de 13 ans, en 2022 : Étude Born social
Sondage Harris Interactive pour l'Unicef, septembre 2020
Junior City, septembre 2021

2. 나를 위해 모든 걸 해 주는 스마트폰

Insee, 2022.
Étude Born social 2022, Agence heaven
Étude junior Connect, 2022
Université de Calgary, de l'Alberta Children's Hospital Research Institute, University College Dublin, étude portant sur 30 000 enfants à travers le monde et se basant sur 46 études.
TikTok for Business, 2020 et 2021-2022 #Datamind

3. 애착 인형이 된 스마트폰

App Annie, state of Mobile 2022

Baromètre numérique 2021 du Credoc

Ademe : agir pour la transition

Étude Gfk

4. 스마트폰으로 소통하는 사람들

Génération numérique, enquête 2022 sur les 11-18 ans
Document interne Meta révélé par le Wall Street Journal en 2021
Impact de l'exposition à des images de minceur idéalisée chez des jeunes femmes françaises et italiennes, R. Rodgers et H. Chabrol, Elsevier 2009
Enquête IMCAS (International Master Course on Aging Skin) 2019

5. 스마트폰이 우리를 완전히 지배하고 있다!

Ademe
Baromètre annuel 2022 sur les usages des écrans, Harris Interactive / Mideca (mission interministérielle de lutte contre les drogues et les conduites addictives)
TikTok for Business, janvier 2021

6. 나와 어른들, 그리고 스마트폰

#BornSocial2022, agence Heaven
Étude Caisse d'Epargne / Association e-Enfance sur le cyberharcèlement des jeunes, 2021
Étude Ipsos pour l'Open et l'Unaf, 2022

7. 스마트폰이 나를 힘들게 할 때

Étude Vinci autoroutes / Fédération nationale des parents et des éducateurs
Enquête génération numérique 2021
Open-Unaf par Ipsos 2021
Report Card 2022.
Santé mentale des adolescents au niveau mondial (10-19 ans), OMS, 2021
Éducation nationale
Observatoire régional des violences faites aux femmes du Centre Hubertine Auclert, 2015-2016
Opinion Way « moi jeune »
Génération numérique 2022
Direction générale de l'enseignement scolaire. Évolution du nombre d'enfants de 3 à 11 ans scolarisés avec un handicap

8. 스마트폰이 나한테 물건을 판다고?

Étude 2023, Reech, influence at the heart of making performance
TikTok-Kantar, Marketing Science Global Time Well Spent, 2021
Étude Reech influence cloud, 2021
Observatoire de l'Influence responsable
Études Reech 2023, 2022, 2021

9. 스마트폰이 주는 진짜 정보와 가짜 정보 그리고 음모론

Enquête sur les 13-17 ans, Milan Presse, YouTube et l'institut CSA, 2022.
News Guard, start-up spécialisée dans la traque de fake news
Étude Ifop pour la Fondation Reboot et la Fondation Jean-Jaurès, 2022, sur les 11- 25 ans

10. 스마트폰 덕분에 똑똑하고 창의적이고 흥미로운 사람이 될 수 있어!

Ademe

우리나라 통계와 출처

여성가족부, 청소년 인터넷 스마트폰 이용 습관 진단 조사 2022, 2023
한국언론진흥재단, 《어린이와 미디어 리터러시》, 2022
한근혜, 〈청소년의 스마트폰 사용시간과 수면시간, 수면 만족도 및 신체활동과의 관련성〉, 한국엔터테인먼트산업학회논문지 2022 16권, 4호, 333~341쪽

성장의 발판, 도약의 구름판, 너머를 보여 주는 디딤판, 판퍼블리싱

스마트폰을
들고 사는 너에게

스마트한 사용법부터 미디어 리터러시까지
어린이를 위한 스마트폰 안내서

초판 1쇄 발행 2024년 4월 15일 | **2쇄 발행** 2025년 6월 11일

글쓴이 아녜스 바르베르 | **그린이** 클레망틴 라트롱 | **옮긴이** 김미정

펴낸이 이선아 신동경

펴낸곳 판퍼블리싱

출판등록 2022년 9월 21일 제2023-000153호

주소 서울시 마포구 신촌로2길 19, 마포출판문화진흥센터 3층

이메일 panpublishing@naver.com

팩스 0504-439-1681

ISBN 979-11-983600-7-6 73300

책값은 뒤표지에 있습니다.
잘못 만들어진 책은 구입하신 서점에서 교환해 드립니다.
이 책은 저작권법에 의하여 보호를 받는 저작물이므로 무단 전재와 복제를 금합니다.

Copyright 2023. by Editions Nathan, SEJER, Paris - France.

Original edition: C'EST (PAS) MOI, C'EST MON TELEPHONE !

© 2024, PAN PUBLISHING

이 책의 한국어판 저작권은 Icarias Agency 를 통해 Editions Nathan 과 독점 계약한 판퍼블리싱에 있습니다.
저작권법에 의하여 한국 내에서 보호를 받는 저작물이므로 무단전재와 복제를 금합니다.